Allitera Verlag

Heilung der Heimat

Beiträge zur Geschichtswissenschaft
Herausgegeben von Ernst Piper

Reihe Hamburger postkoloniale Studien, Band 6
Herausgegeben von Jürgen Zimmerer

Hier bisher erschienen:

Band 1: Mara Müller, »Freiheit für Nelson Mandela«. Die Solidaritätskampagne in der Bundesrepublik Deutschland

Band 2: Malina Emmerink, »Hamburger Kolonisationspläne 1840–1842«. Karl Sievekings Traum einer »Deutschen Antipodenkolonie« im Südpazifik

Band 3: Nils Schliehe, »Deutschlands Hilfe für Portugals Kolonialkrieg in Afrika«. Die Bundesrepublik Deutschland und der angolanische Unabhängigkeitskrieg 1961–1974

Band 4: Myriam Gröpel, »Echte Objekte«. Die Sammlung des Hamburger Museums für Völkerkunde und die Frage nach Authentizität 1904–1919

Band 5: Jan Kawlath, »Der Hamburger Hafen und der deutsche Kolonialkrieg in Namibia.« Die Inszenierung kolonialer Gewalt im Baakenhafen 1904–1907

Gisela Angelika Ewe

Heilung der Heimat

Rasse und Gender in ausgewählten deutschsprachigen Spielfilmen der Nachkriegszeit

Allitera Verlag

Weitere Informationen über den Verlag und sein Programm unter:
www.allitera.de

Juni 2019
Allitera Verlag
Ein Verlag der Buch&media GmbH, München

Satz und Umschlaggestaltung:
unter Verwendung eines Motivs
Printed in Europe
ISBN print 978-3-96233-121-4
ISBN epub 978-3-96233-122-1
ISBN PDF 978-3-96233-123-8

Allitera Verlag
Merianstraße 24 · 80637 München
Tel.: 089 13 92 90 46 ·E-Mail: info@allitera.de
www.allitera.de

Inhalt

Vorwort

Bei der vorliegenden Publikation handelt es sich um eine überarbeitete Version meiner Magisterarbeit, die ich 2014/2015 an der Universität Hamburg verfasst habe. Verschiedene persönliche, politische und wissenschaftliche Auseinandersetzungen mit Rassismus, Sexismus, dem Nationalsozialismus und der deutschen Kolonialgeschichte haben in mir die Frage geweckt, welche rassistischen und sexistischen Darstellungsformen das Jahr 1945 »überlebt« haben. Anhand des Mediums Film, einem der großen Massenmedien der Nachkriegszeit, habe ich dieses Thema analysiert und dargestellt.

Viele Menschen haben diese Arbeit unterstützt und ich möchte ihnen meinen Dank aussprechen. Zunächst sind meine beiden Gutachter, Prof. Dr. Jürgen Zimmerer und Prof. Dr. Axel Schildt zu nennen, denen ich für ihre Betreuung und Beratung danke. Weiterhin möchte ich den Mitarbeiter_innen der Abteilung Filmarchiv im Bundesarchiv Berlin und der Deutschen Kinemathek in Berlin für die Bereitstellung der sonst größtenteils nicht erhältlichen Filme danken.

Wichtige Hinweise und Inspirationen stammen außerdem von Tobias Nagl, Susann Lewerenz und Maja Figge, denen ich zu Dank verpflichtet bin. Desweitern danke ich allen Freund_innen und Kolleg_innen, die mich in dem Prozess unterstützt haben und mir mit Rat und Korrekturen zur Seite standen, namentlich Robert Voss, Jonas Ehrsam, Anna Hennecke, Sanja Ewald, Julian Bothe und Ronja Klöß.

Apl. Prof. Dr. Ernst Piper und dem Allitera Verlag danke ich für die Möglichkeit, meine Studie zu veröffentlichen.

Hamburg, April 2019

1. Einleitung

Rassismus ist in Deutschland brandaktuell: Während Zehntausende in Dresden als ›patriotische Europäer gegen die Islamisierung des Abendlandes‹ auf die Straße gehen und die Zahl der Anschläge und Übergriffe gegen Geflüchtete im Jahr 2014 in die Höhe schnellte[1], werden auf parlamentarischer Ebene drastische Verschärfungen des Asylrechtes[2] geplant. Rassismus, so machen diese Beispiele deutlich, kann nicht mehr als Randphänomen abgetan werden. Stattdessen fällt auf, dass auch die Medien rassistische und stereotype Bilder von Rasse und Fremdheit transportieren, wenn der Islam mit Terror gleichgesetzt, Geflüchtete als Naturkatastrophe beschrieben werden oder Afrika im Film als Selbsterfahrungsparadies für Weiße erscheint[3]. Ausgangspunkt meiner Analyse ist die Beobachtung, dass derartige Bilder nicht grundsätzlich neu sind, sondern in einer visuellen und narrativen Tradition stehen.

Während über Fragen von Rassismus und rassistischer Darstellung für die Zeit des Nationalsozialismus ein breiter gesellschaftlicher Konsens herrscht, ist die Wahrnehmung der Nachkriegszeit vom Leiden der Deutschen und dem Kraftakt des Wiederaufbaus geprägt. Nach dem Höhepunkt rassistischer und antisemitischer Gewalt in Form

1 Amadeu Antonio Stiftung, Pro Asyl: Rechte Hetze gegen Flüchtlinge. Eine Chronik der Gewalt. https://www.mut-gegen-rechte-gewalt.de/node/12865.

2 Bundesregierung: Entwurf eines Gesetzes zur Neubestimmung des Bleiberechts und der Aufenthaltsbeendigung. http://www.bmi.bund.de/SharedDocs/Downloads/DE/Nachrichten/Kurzmeldungen/gesetzentwurf-bleiberecht.pdf?__blob=publicationFile. In seiner Stellungnahme übt der UNHCR scharfe Kritik an dem Gesetzesvorhaben. Vgl. UNHCR: Stellungnahme des UNHCR zum Referentenentwurf des Bundesministeriums des Innern ›Entwurf eines Gesetzes zur Neubestimmung des Bleiberechts und der Aufenthaltsbeendigung‹. http://www.unhcr.de/fileadmin/rechtsinfos/fluechtlingsrecht/3_deutschland/3_2_unhcr_stellungnahmen/FR_GER-HCR_Referentenentwurf_062014.pdf.

3 Beispiele dafür sind die beiden erfolgreichen Filme Nirgendwo in Afrika und Die weisse Massai oder der ZDF-Dreiteiler Afrika, mon amour. Siehe auch Rita Morrien: ›Afrika mon amour‹? – Der Afrika-Diskurs im populären deutschen Spielfilm. In: Michael Hofmann, Rita Morrien (Hg.): Deutsch-afrikanische Diskurse in Geschichte und Gegenwart. Literatur- und kulturwissenschaftliche Perspektiven, New York 2012 (= Amsterdam Beiträge zur neueren Germanistik), S. 253.

von Genoziden an den europäischen Jüdinnen und Juden, Sint_ezze und Rom_n, den rassenhygienischen Euthanasieprojekten und dem als ›Krieg gegen das Untermenschentum‹ inszenierten Russlandfeldzug beabsichtigten die Alliierten, mit ihrer Politik der Entnazifizierung und Re-Education einen umfassenden gesellschaftspolitischen Wandel einzuleiten. Neben der Einführung von Marktwirtschaft, Grundgesetz und Demokratie zielte dies auch auf eine Liberalisierung der Werte und eine Eindämmung des Rassismus.

Der Wiederaufbau betraf sämtliche gesellschaftlichen Bereiche, neben Politik, Presse, Wirtschaft und Justiz auch das Feld der Kultur. Die Alliierten versuchten so auch in der Filmbranche, die Strukturen aus der Zeit des Nationalsozialismus wie die »hierarchisch organisierten und monopolistisch operierenden Produktionsfirmen, Verleihgesellschaften und Fachorganisationen«[4] abzubauen. Alle Filmschaffenden mussten sich der Entnazifizierung unterziehen und sämtliche Filme, die zwischen 1933 und 1945 produziert worden waren, wurden begutachtet und eine Liste indizierter Filme erstellt, die größtenteils bis heute gültig ist.[5]

Am 17. Mai 1946 wurde die Deutsche Film AG (DEFA) in Berlin-Babelsberg gegründet, die Filme mit humanistischem Anspruch drehte, die sich gegen Nationalismus, Kapitalismus und Militarismus wandten. Später wurde die DEFA in ein staatseigenes Unternehmen der DDR umgewandelt. In der Bundesrepublik hingegen wurde 1949 die Spitzenorganisation der Filmwirtschaft e. V. (SPIO) gegründet; das Bundesfilmgesetz garantierte Redefreiheit und verbot Filme mit nationalistischem, rassistischem oder kommunistischem Gedankengut.[6]

Nach der Kriegsniederlage 1945 lag nicht nur das Land in Trümmern, auch die deutsche Identität war erschüttert und musste sich zwischen dem Erbe der Vergangenheit und den Anforderungen der Zukunft neu formieren. Die Filme der Nachkriegszeit waren Teil dieser Identitätsverhandlungen, die sich im Spannungsfeld von Restauration und Erneuerung, von Kontinuitäten und Brüchen abzeichnen und die institutionelle ebenso wie diskursive Ebene[7] umfassen.

4 Sabine Hake: Film in Deutschland. Geschichte und Geschichten seit 1895, Reinbek 2004, S. 160f.

5 Vgl. Hake (2004), S. 160ff.

6 Vgl. Hake (2004), S. 165f.

7 Diskurse stellen eine symbolische Ordnung her. Foucault definiert Diskurse »als Praktiken [...], die systematisch die Gegenstände bilden, von denen sie sprechen. Zwar bestehen diese Diskurse aus Zeichen; aber sie benutzen diese

Die Niederlage im Krieg und das Ende des Nationalsozialismus hatten die ehemalige Gewissheit, Deutschland sei eine soldatische und potente Nation, die andere Nationen zu beherrschen vermag, unterminiert. Viele deutsche Männer, die vom Kriegseinsatz zurückkehrten, mussten feststellen, dass während ihrer Abwesenheit Frauen erfolgreich sämtliche Aufgaben im Haus und in den Betrieben übernommen hatten. Das Selbstbild, unersetzbares Oberhaupt in Ehe und Familie zu sein, wurde zutiefst erschüttert. Gleichzeitig entwickelte sich die Bundesrepublik unter alliiertem Einfluss zu einer modernen kapitalistischen Demokratie nach westlichem Vorbild[8], während die Rückbesinnung auf vermeintlich zeitlose deutsche Werte und Symbole das Selbstbild der Deutschen zunehmend bestimmte. Das Narrativ der ›Stunde Null‹ als vollständiger gesellschaftlicher Bruch mit der NS-Vergangenheit entpuppt sich bereits in dieser Antinomie aus Modernisierung und Rückbezug als Mythos.

Die Anwesenheit alliierter Besatzungssoldaten erinnerte die deutsche Bevölkerung stets an die Niederlage des Krieges sowie an die für sie schmerzliche Tatsache, nicht mehr der unangefochtene Souverän im eigenen Land zu sein. Besondere Aufmerksamkeit erregten afroamerikanische GIs und die von ihnen gezeugten Kinder. Diese Kinder wurden zum Zentrum eines neuen Diskurses um *Rasse*, sie verkörperten das neue *Rassenproblem* der Nachkriegszeit, welches sich nicht mehr vornehmlich um Jüdinnen und Juden, sondern um Schwarze drehte.[9]

Zeichen für mehr als nur zur Bezeichnung der Sachen«. Michel Foucault: Archäologie des Wissens, Frankfurt am Main 1981, S. 74.

8 Mit den Begriffen ›westlich‹ und ›der Westen‹ bezeichne ich keinen rein geografischen Raum, sondern in Anlehnung an Stuart Hall »einen Gesellschaftstyp, der als entwickelt, industrialisiert, städtisch, kapitalistisch, säkularisiert und modern beschrieben wird.« Stuart Hall: Der Westen und der Rest: Diskurs und Macht. In: ders.: Ideologie, Identität, Repräsentation, hrsg. von Stuart Hall, Juha Koivisto, Andreas Merkens, Hamburg, Hamburg 2004b, S. 137–179, hier S. 138. Dabei kann ergänzt werden, dass es sich hierbei um mehrheitlich weiße Gesellschaften handelt, die kapitalistisch organisiert sind, von Kolonialismus und Rassismus bis heute profitieren und deren Wertesystem und Geschichtsinterpretation global betrachtet dominant ist. Deutschlands Verhältnis zum ›Westen‹ ist ambivalent: Obwohl Deutschland seit seiner Gründung 1871 einer der modernsten Staaten Europas ist, existiert hier traditionell eine Modernisierungsangst und Fortschrittsfeindlichkeit, die teilweise als Antikapitalismus und Antisemitismus in Erscheinung treten.

9 Heide Fehrenbach: »Ami-Liebchen« und »Mischlingskinder«: *Rasse*, Geschlecht und Kultur in der deutsch-amerikanischen Begegnung. In: Klaus Naumann (Hg.): Nachkrieg in Deutschland, Hamburg 2001a, S. 178–205, hier S. 184–185.

Der Umgang mit den Schwarzen Kindern galt als »Testfall für die deutsche Nachkriegsdemokratie«[10], wie die Rede von Herman Ebeling, mit der er eine Konferenz zum Thema *Das Schicksal der Mischlingskinder in Deutschland*[11] eröffnete, die 1952 in Wiesbaden stattfand, deutlich macht:

> *»Hätte vor fünfundzwanzig Jahren jemand das unsagbare Leid, das den deutschen Menschen jüdischen Glaubens und den Juden in Europa im Namen des deutschen Volkes zugefügt wurde, vorausgesagt, man hätte ihn als einen Hetzer nicht ernst genommen oder ihn als einen armen Irren dem Sanatorium überliefert.* [...] *Es ist schlimm und bedrückend, daß die Betrachtung des Minderheitenproblems, das heute Abend hier zur Debatte steht* [...] *im Schatten dieser Tragödie steht. Die Anwesenheit dieser 3100 farbigen Kinder in diesem traditionell weißen Lande ist ein Problem, selbst wenn auch nicht einem dieser dunkelhäutigen krausköpfigen kleinen Menschen ein Härchen gekrümmt worden ist. Wollten wir abwarten, bis das wieder geschieht, dann machten wir uns schuldig.«*[12]

Direkt nach dem Ende des nationalsozialistischen ›Rassestaats‹[13] mit seinen genozidalen Gewaltexzessen sah sich die deutsche Bevölkerung nun mit einem neuen *Rassenthema* konfrontiert. In der darauf folgenden Debatte gab es zwar konträre Positionen, die jedoch argumentierten alle damit, den Schutz der Kinder vor dem deutschen Rassismus gewährleisten zu wollen.[14] So plädierten Politiker_innen und Pädagog_innen auf der einen Seite für die völlige Absonderung der Kinder von der deutschen Gesellschaft durch Adoptionen ins Ausland oder die Erziehung in Sondereinrichtungen. Auf der anderen Seite gab es Forderungen einer vollständigen Integration der Kinder in die Weiße deutsche Gesellschaft.

Im Diskurs um die Schwarzen Kinder nicht-deutscher und nicht-

10 Fehrenbach (2001a), S. 190.

11 Der Begriff ›Mischling‹ war von 1935–1945 eine juristische Klassifikation gewesen, die dazu diente, Menschen zu entrechten. In der Nachkriegszeit wurde er wie bereits vor 1935 als »soziales Kennzeichen« verwendet und nun vornehmlich auf Kinder afroamerikanischer oder franko-afrikanischer Väter angewandt. Vgl. Fehrenbach (2001a), S. 181.

12 Herman Ebeling nach dem Protokoll der Tagung, zitiert nach Yara-Colette Lemke Muniz de Faria: Zwischen Fürsorge und Ausgrenzung, Berlin, Berlin, 163f.

13 Zum Begriff *Rasse* folgen in Kapitel 2.1 nähere Erläuterungen.

14 Vgl. Lemke Muniz de Faria, S. 12.

Weißer Väter zeichnet sich die Relevanz der Kategorie Gender ab, die eng mit dem Thema *Rasse* verknüpft ist. Die Kinder galten als Heimkinder und die Frauen wurden als Rabenmütter stereotypisiert, die ihrer Rolle als Frau und Mutter nicht gerecht würden:

> *»These women were also judged to be dangerous because they ignored the traditional gender and class boundaries that conservatives were trying to reestablish after the dislocation of the Nazi regime and the postwar years.«*[15]

Die Existenz der Schwarzen Kinder markiert gleichzeitig die Überschreitung von *Rassen-* wie Geschlechtergrenzen. Vor diesem Hintergrund stellt sich für mich die Frage, inwieweit rassistische und sexistische Bilder und Vorstellungen das Jahr 1945 ›überlebt‹ haben, welchen Ausdruck sie in der Nachkriegszeit gefunden haben und auch, welche intersektionalen Verbindungen sie historisch miteinander eingegangen sind. Dabei soll das Augenmerk ausdrücklich nicht nur auf dem Rassismus des Nationalsozialismus, sondern ebenfalls auf die über diesen hinausreichenden Kontinuitätslinien, die auch Bezüge zum deutschen Kolonialismus erlauben, gelegt werden.

In der vorliegenden Arbeit werde ich daher den Fokus auf die Verhandlungen der deutschen Identität im Nachkriegsfilm legen und Filme untersuchen, die in der jungen Bundesrepublik Deutschland entstanden sind oder veröffentlicht wurden. Gerade der Kinofilm war eines der am weitesten verbreiteten Massenmedien dieser Zeit. 1956 gingen so viele Menschen in der Bundesrepublik ins Kino wie nie zuvor: Im Schnitt besuchte jede_r 15,6 Mal pro Jahr eine Kinovorstellung[16], wobei das Publikum der Nachkriegszeit mehrheitlich weiblich war.[17] Grund dafür war nicht nur, dass der Männeranteil als Folge des Krieges stark gesunken war, sondern auch, dass der Kinobesuch eine besonders bei Frauen beliebte Freizeitbeschäftigung war, nicht zuletzt, weil Frauen

15 Maria Höhn: Heimat in Turmoil: African-American GIs in 1950s West Germany. In: Hanna Schissler (Hg.): The miracle years. A cultural history of West Germany, 1949–1968, Princeton, NJ 2001, S. 145–163, hier S. 148. Die Frauen wurden beschimpft und vor allem von Kriegsheimkehrern und ehemaligen HJ-Mitgliedern auch körperlich angegriffen, indem ihnen beispielsweise die Haare abgeschnitten wurden oder sie sogar angezündet wurden. Vgl. Lemke Muniz de Faria, S. 21f.

16 Vgl. Hake (2004), S. 189.

17 Vgl. Hester Baer: Dismantling the dream factory. Gender, German cinema, and the postwar quest for a new film language, New York 2009, S. 3.

auch ohne männliche Begleitung ins Kino gehen konnten.[18] In der ersten Phase nach dem Krieg entstanden die sogenannten Trümmerfilme, die das Leid des Menschen an sich thematisierten, immer jedoch auch das zutiefst Gute der Menschheit betonten. Mit dem Aufbau der Bundeswehr und dem Eintritt in die NATO wurde der Krieg ein zentrales Thema der deutschen Erinnerungskultur.[19] Das kommerziell erfolgreichste Genre der 1950er-Jahre stellte allerdings der Heimatfilm dar.[20] Das Konzept der Heimat bot einen alternativen und vordergründig unpolitischen Bezug zu Heimat und Nation und transportierte ein konservatives Wertesystem. Der Zeitfilm spielt im Gegensatz zum Heimatfilm in der Regel in der Stadt und beschäftigt sich komödiantisch oder melodramatisch mit gesellschaftlichen Themen und Alltagsproblemen in der Modernisierungsgesellschaft. Amerikanisierung, Konsumgesellschaft und Arbeit waren zentrale Themen dieses Genres.[21]

In meinen Betrachtungen steht die Analyse der Kategorien *Rasse* und Gender im Vordergrund. Welche Rolle spielen sie für die Herausbildung einer neuen deutschen Identität? Wie werden sie auf der Ebene der filmischen Repräsentation verhandelt und welche Verknüpfungen gehen sie miteinander ein? Ziel dieser Untersuchung soll eine Rekonstruktion der Elemente sein, die den Diskurs um die deutsche Identität in der Nachkriegszeit zwischen Kontinuitätslinien, Brüchen und neuen Aspekten auszeichnen. In dieser Arbeit werden die hegemonialen Vorstellungen in Bezug auf Weißsein, Schwarzsein, Männlichkeit und Weiblichkeit untersucht.[22] So lautet die leitende Forschungsfrage, die

18 Vgl. Baer (2009), S. 3.

19 In den 1950er Jahren wurden in Westdeutschland rund 600 Kriegsfilme produziert. Vgl. Lars Koch: Zwischen Kontinuität und Innovation: Der westdeutsche Spielfilm 1945–1960. In: Lars Koch, Petra Tallafuss (Hg.): Modernisierung als Amerikanisierung? Entwicklungslinien der westdeutschen Kultur 1945–1960, Bielefeld 2007 (= Kultur- und Medientheorie), S. 89–110, S. 95.

20 Vgl. Koch (2007), S. 98.

21 Ebd., S. 103.

22 Ich verwende die Begriffe ›Weiß‹, ›Schwarz‹ und ›People of Color‹ nicht als Beschreibungen von ›Hautfarben‹, sondern als politische und damit strategische Begriffe, die Machtstrukturen und soziale Positionen innerhalb einer rassifizierten Gesellschaft beschreibbar machen sollen. Sie werden in dieser Arbeit großgeschrieben, um kenntlich zu machen, dass es sich bei ihnen nicht um reale Attribute handelt, sondern um Konstruktionen und Zuschreibungen. Sie sind jedoch in der sozialen Realität wirkmächtig und weisen Menschen unterschiedliche Positionen innerhalb einer Gesellschaft zu. ›Weiß‹ als politische Kategorie bezeichnet all jene, die bewusst oder unbewusst von der rassifizierten Struktur der Gesellschaft profitieren, die Be-

dieser Arbeit zugrunde liegt: Wie wird im Spielfilm der Nachkriegszeit Identität in Bezug auf *Rasse* und Gender (wieder-)hergestellt und welche Rolle spielen Repräsentationen von Männlichkeit, Weiblichkeit, Weißsein und Schwarzsein im Wiederaufbau der bundesrepublikanischen Gesellschaft?

Zur Beantwortung dieser Fragen wurde aus pragmatischen und inhaltlichen Gründen eine Filmauswahl getroffen. Zentrales Kriterium war, dass mindestens eine Schwarze Person als Darsteller_in am Film beteiligt sein muss, was auf mindestens 41 Filme im Zeitraum 1945–1961 zutrifft, von denen ich 32 sichten konnte.[23] Aus diesen Filmen habe ich acht für die Analyse ausgewählt, darunter vier Filme, in denen Schwarze Darsteller_innen eine Hauptrolle spielen:[24] Die Zeitfilme *Toxi*[25] (1952) und *Der dunkle Stern*[26] (1955), den Heimatfilm *Mein Bruder Josua*[27]

griffe ›Schwarz‹ und ›People of Color‹ sind Selbstbezeichnungen von Menschen, die rassistische Diskriminierungserfahrungen machen oder gemacht haben. Vgl. Kien Nghi Ha, Nicola Lauré al-Samarai, Sheila Mysorekar: Re/Visionen. Postkoloniale Perspektiven von People of Color auf Rassismus, Kulturpolitik und Widerstand in Deutschland, Münster 2007, S. 12. Durch die selbstermächtigende Verwendung des Begriffs ›Schwarz‹ beinhaltet der Begriff im Gegensatz zum Begriff ›Weiß‹ ein Widerstandspotenzial, welches durch die gleiche Schreibweise der beiden Begriffe nicht sichtbar ist, auf das an dieser Stelle gleichwohl hingewiesen werden soll. Trotz der theoretischen Trennschärfe sind die Begriffe ›Schwarz‹ und ›Weiß‹ in der Praxis immer fließend zu verstehen. Dabei spielen subjektive Wahrnehmungen und Erfahrungen ebenso wie Selbstdefinitionen und situativer Kontext eine Rolle.

23 In den meisten dieser Filme spielen Schwarze Darsteller_innen nur eine marginale Neben- oder Statistenrolle.

24 Der fünfte Film, auf den dies zutrifft, wurde aufgrund mehrerer Besonderheiten nicht in die Analyse einbezogen. An dem Kinderfilm *Zehn kleine Negerlein* (1954) sind ausschließlich Schwarze Darsteller_innen beteiligt. Er spielt in einem fiktiven afrikanischen Dorf und hat eine Art Märchen zum Inhalt, in dem zehn Jungs den bösen ›Häuptling‹ überlisten und damit das ganze Dorf befreien. Die Machart des Films erinnert an einen Tierfilm, da die hauptsächlichen Redeanteile von einer männlichen deutschen Stimme aus dem Off kommen, welche die Ereignisse als allwissender Erzähler kommentiert. Der Film ist also bereits formal problematisch, da er Schwarze Menschen und das Leben in Afrika strukturell mit Tieren gleichsetzt. Die Stimme aus dem Off lässt die Darsteller_innen zusätzlich durch den Inhalt des Gesagten, Tonfall und Gelächter wie unvernünftige, instinktgeleitete, verspielte und ununterscheidbare Tierkinder wirken. Da sich neben der rassistischen Grundstruktur des Films kaum Bezüge zu zeitgenössischen Themen herstellen lassen, wurde Zehn kleine Negerlein nicht in die vorliegende Arbeit aufgenommen.

25 Robert A. Stemmle: Toxi 1952.

26 Hermann Kugelstadt: Der dunkle Stern 1955.

27 Hans Deppe: Mein Bruder Josua 1956.

(1956) und die Komödie *Skandal um Dodo*[28] (1958). Drei weitere Filme wurden ausgewählt, die teilweise oder ausschließlich in Afrika spielen und in denen Schwarze Darsteller_innen eine für die produzierten Bedeutungen relevante Rolle spielen: Der Antikriegsfilm *Die Helden sind müde*[29] (1955), der Abenteuerfilm *Liane, das Mädchen aus dem Urwald*[30] (1956) und der Heimatfilm *Unser Haus in Kamerun* (1961).[31]

Für die untersuchten Filme liegt kaum Literatur vor. Einzig die Filme *Toxi* und *Liane, das Mädchen aus dem Urwald* wurden bereits wissenschaftlich analysiert, *Toxi* von den Historikerinnen und Filmwissenschaftlerinnen Heide Fehrenbach, Angelica Fenner[32], vor allem aber von Maja Figge in ihrer Dissertation *Deutschsein (wieder-)herstellen. Weißsein und Männlichkeit im bundesdeutschen Kino der fünfziger Jahre*[33], in der sie auch *Liane* untersucht. Fehrenbach bezieht sich auch auf *Der dunkle Stern*, ohne den Film jedoch selbst gesehen zu haben.[34]

28 Eduard von Borsody: Skandal um Dodo 1958. Skandal um Dodo ist zwar eine österreichische Produktion, wendet sich aber mit den Hauptdarsteller_innen Harald Juhnke und Karin Dor klar an ein bundesdeutsches Publikum und weist keine Merkmale auf, die ihn als spezifisch österreichischen Film verorten.

29 Yves Ciampi: Die Helden sind müde. Les heros sont fatigues 1955. Ein Merkmal dieses Films ist, dass es sich um eine deutsch-französische Koproduktion unter einem französischen Regisseur handelt. Da er auch für das deutschsprachige Publikum produziert wurde, ist es möglich, ihn im deutschen Kontext zu analysieren. Dennoch werden die Besonderheiten, die dieser Film aufweist, in der Analyse zur Sprache kommen.

30 Eduard von Borsody: Liane, das Mädchen aus dem Urwald 1956.

31 Weitere Filme aus dieser Zeit, die teilweise oder ausschließlich in Afrika spielen, gehören den Genres Western oder Kriegsfilm an. Diese Genres wurden nicht in die Analyse aufgenommen, um den Rahmen der Arbeit nicht zu überschreiten.

32 Heide Fehrenbach: Narrating ›race‹ in 1950s' West Germany: The phenomenon of the Toxi films. In: Patricia M. Mazón, Reinhild Steingröver (Hg.): Not so plain as Black and White. Afro-German culture and history 1890–2000, Rochester 2005, 136–160; Angelica Fenner: Race under reconstruction in German cinema. Robert Stemmle's Toxi, Toronto 2011; Angelica Fenner: The Rebirth of the Nation: Cinematic Discourses of Race and Reconstruction in Transnational Perspective. In: Maria Diedrich, Jürgen Heinrichs (Hg.): From Black to Schwarz. Cultural Crossovers between African America and Germany, East Lansing, Münster 2011, S. 227–244.

33 Maja Figge: Deutschsein (wieder-)herstellen. Weißsein und Männlichkeit im bundesdeutschen Kino der fünfziger Jahre, Bielefeld 2015. Siehe auch Figge, Maja: ›Der Konsum hilft!‹: Rassismus und ›Heilung durch Integration‹ im Spielfilm Toxi. In: Krüger, Klaus; Crasemann, Leena; Weiss, Matthias (Hg.): Um/Ordnungen. Fotografische Menschenbilder zwischen Konstruktion und Dekonstruktion, München 2010, S. 135–153.

34 Heide Fehrenbach: Race after Hitler. Black occupation children in postwar Germany and America, Princeton, N.J. 2005.

Martin Baer hat in seinem kurzen Aufsatz *Von Heinz Rühmann zum Traumschiff*[35] einige der hier untersuchten Filme erwähnt, darunter *Liane, das Mädchen aus dem Urwald*, *Die Helden sind müde* und *Unser Haus in Kamerun*. Ebenso werden in Rita Morriens Aufsatz *›Africa mon amour‹? – Der Afrika-Diskurs im populären deutschen Spielfilm*[36] einige der hier relevanten Filme genannt. Umfassende Analysen oder Interpretationen der vielfältigen Filme mit Schwarzen Darsteller_innen aus der frühen Bundesrepublik fehlen vollständig. Genau diese Forschungslücke möchte ich mit meiner Magisterarbeit füllen und zu weiteren Auseinandersetzungen anregen.

Die vorliegende Arbeit versteht sich dabei als Versuch, filmwissenschaftliche Historiografie mit postkolonialer Kritik und Ansätzen der Genderstudies zu verknüpfen. Postkoloniale Kritik geht davon aus, dass Folgen, Spuren und Kontinuitäten von Kolonialismus und kolonialem Rassismus die Gesellschaft, ihre Politik und Kultur, aber auch den Alltag, bis heute zutiefst prägen.[37] Aus diesem Grund nimmt die postkolonial inspirierte Rassismusforschung historische und zeitgenössische Prozesse der Rassifizierung in den Blick und analysiert ihre Beziehung zu bestehenden Machtverhältnissen. Sie eignet sich daher besonders, um gesellschaftliche Strukturen und Diskurse auf ihr Verhältnis zu Macht und Hegemonie hin abzuklopfen. Insbesondere die jungen *Critical Whiteness Studies*[38] fragen nach der Rolle des Weißen

35 Martin Baer: Von Heinz Rühmann bis zum Traumschiff: Bilder von Afrika im deutschen Film. In: Susan Arndt (Hg.): AfrikaBilder. Studien zu Rassismus in Deutschland, Münster 2006, S. 151–161.

36 Morrien (2012).

37 Die Bedeutung des Kolonialismus für die Entwicklung von *Rasse* zu einer grundlegenden Ordnungskategorie der deutschen Gesellschaft ist lange Zeit verkannt worden. Ein Grund dafür ist das »Fehlen einer kontinuierlichen und vor allem kritischen Aufarbeitung der deutschen Kolonialherrschaft«. Nicola Lauré Al-Samarai: Unwegsame Erinnerungen: Auto / biographische Zeugnisse von Schwarzen Deutschen aus der BRD und der DDR. In: Marianne Bechhaus-Gerst, Reinhard Klein-Arendt (Hg.): Die (koloniale) Begegnung. AfrikanerInnen in Deutschland 1880–1945, Deutsche in Afrika 1880–1918; [Internationale Konferenz »Die (Koloniale) Begegnung. AfrikanerInnen in Deutschland (1880–1945) – Deutsche in Afrika (1880–1918)«], Frankfurt am Main 2003, hier S. 199.

38 Die Critical Whiteness Studies nehmen ihren Ursprung in den USA, wo Wissenschaftler_innen und Schriftsteller_innen spätestens seit Beginn des 20. Jahrhundert über Weißsein publizieren. In den 1970er Jahren begannen Weiße Feminist_innen nach jahrzehntelanger Kritik von Schwarzen Feminist_innen, sich mit ihrem Weißsein und ihrer eigenen Vestricktheit in gesellschaftliche Machtverhältnisse auseinanderzusetzen.

Subjekts im Spannungsfeld von Rassismus und Macht. Neu an ihnen ist nicht das Thema, sondern vor allem, dass es Weiße Wissenschaftler_innen sind, die Weißsein in den Blick nehmen, denn:

> *»Schwarze Menschen haben aus Überlebensnotwendigkeit schon vor ein paar hundert Jahren überall auf der Welt kritische Weißseinsforschung betrieben, indem sie die Verhaltensweisen und sozialen Realitäten weißer Menschen benannten und analysierten«*[39].

Auch in Deutschland beruht die kritische Weißseinsforschung auf den Analysen von Schwarzen Menschen. Die Anthologie *Farbe bekennen. Afro-deutsche Frauen auf den Spuren ihrer Geschichte*[40], die May Ayim, Katharina Oguntoye und Dagmar Schultz 1986 publiziert haben, stellt eine Grundlage der afro-deutschen Geschichtsschreibung ebenso wie der Kritischen Weißseinsforschung in Deutschland dar. 2005 erschien der Band *Mythen, Masken und Subjekte. Kritische Weißseinsforschung in Deutschland*[41] von Susan Arndt, Maureen Maisha Eggers, Grada Kilomba und Peggy Piesche, der die Vielfalt an Zugängen, die es heute zum Thema Weißsein gibt, dokumentiert.[42]

Während sich in aktuellen rassismuskritischen Debatten eine strategische Aneignung essenzialistischer Begrifflichkeiten abzeichnet[43], betonen die Genderstudies die poststrukturalistische Auflösung des essenzialistischen Subjekts[44]. Zentrale Theoretikerin ist Judith Butler, die Geschlecht als sozial konstruierte Kategorie und als strukturge-

[39] Noah Sow: Deutschland Schwarz Weiß. Der alltägliche Rassismus, München 2008, S. 274.

[40] Katharina Oguntoye, May Opitz, Dagmar Schultz, Audre Lorde: Farbe bekennen, Berlin 1986.

[41] Susan Arndt, Maureen Maisha Eggers, Grada Kilomba, Peggy Piesche (Hrsg.): Mythen, Masken und Subjekte. Kritische Weißseinsforschung in Deutschland, Münster 2005.

[42] Eske Wollrad hat festgestellt, dass die meisten Forschungsarbeiten zum Thema Weißsein von Weißen Frauen erarbeitet werden, die ihre Fragestellung mit dem Geschlechterverhältnis verknüpfen. Vgl. Eske Wollrad: Weißsein im Widerspruch. Feministische Perspektiven auf Rassismus, Kultur und Religion, Königstein/Taunus 2005, S. 51. Dies gilt auch für die vorliegende Forschungsarbeit.

[43] Vgl. u.a. Arndt, Maisha Eggers, Kilomba, Piesche (2005); Ha, Lauré al-Samarai, Mysorekar (2007).

[44] Vgl. u.a. Judith Butler: Das Unbehagen der Geschlechter, Frankfurt a.M. 1991; Paula-Irene Villa: Sexy Bodies. Eine soziologische Reise durch den Geschlechtskörper, Wiesbaden 2011.

benden Mechanismus moderner Gesellschaften zur Stabilisierung und Legitimierung einer symbolischen Ordnung[45] begreift.

Diese recht theoretischen Ausführungen werden in der folgenden Arbeit mit Stuart Halls Konzept der ›Repräsentationsregime‹ verknüpft, um sie für die Analyse greifbar zu machen. Wie alle Kulturprodukte ist der Film Ausdruck der Gesellschaft, aus der er stammt. Er reproduziert existierende Vorstellungswelten und Ideale, modifiziert sie gleichzeitig aber auch, indem Inhalte verschoben, abgewandelt oder durch neue Elemente ergänzt werden. Im Zusammenspiel verschiedener Texte[46] ist Repräsentation in diesem Sinne immer auch Bedeutungsproduktion und

> *»das gesamte Repertoire an Bildern und visuellen Effekten, durch das ›Differenz‹ in einem beliebigen historischen Moment repräsentiert wird, wird als* Repräsentationsregime *bezeichnet«*[47].

Mit dem Begriff ›Repräsentationsregime‹ lassen sich die Bedeutungen, die ein Film transportiert, als Teil eines gesellschaftlichen Feldes begreifen, in dem zwar vielfältige Bedeutungen produziert werden, gleichzeitig aber auch dominante Tendenzen erkennbar sind. Mit diesem Ansatz können die untersuchten Filme nicht nur einzeln, sondern als Ausdruck gesellschaftlicher Verhältnisse analysiert werden. Auf der Grundlage dieser Vorannahmen wird zur Beantwortung der Forschungsfrage untersucht, welche Bedeutungen in Bezug auf die deutsche Identität in den ausgewählten Filmen hergestellt werden. Dieser Ansatz der semiotischen Filmanalyse untersucht die Bedeutungsproduktion in Texten und befragt diese nach ihren diskursiven und ideologischen Inhalten. Was für Hauptrollen gibt es? Welche Figurenkonstellationen liegen vor? Welche Sinngehalte bezüglich *Rasse* und Gender werden transportiert?

[45] Symbolische Ordnungen sind nach Foucault eine Erscheinungsform des Diskurses, »die sich zwischen die fundamentalen Codes einer Kultur, die ihre Sprache, ihre Wahrnehmungsschemata, ihren Austausch, ihre Techniken, ihre Werte, die Hierarchie ihrer Praktiken beherrschen, und wissenschaftliche Theorien oder Erklärungen schieben«. Hannelore Bublitz: Das Geschlecht der Moderne. Genealogie und Archäologie der Geschlechterdifferenz, Frankfurt/Main 1998, S. 12.

[46] ›Text‹ ist hier im poststrukturalistischen Sinne zu verstehen und meint nicht nur sprachlichen Text, sondern jeden potenziellen Bedeutungsträger, der stets im Zusammenspiel mit anderen Texten zu begreifen ist. Dieser Textbegriff schließt also auch visuelle und audio-visuelle Sinnträger mit ein.

[47] Stuart Hall: Das Spektakel des »Anderen«. In: ders.: Ideologie, Identität, Repräsentation, hrsg. von Stuart Hall, Juha Koivisto, Andreas Merkens, Hamburg, Hamburg 2004a, S. 108–166, hier S. 115 (Hervorhebung im Original).

Welche Lösungsangebote bieten die Filme in Bezug auf Konflikte? In welchem Zusammenhang steht all dies mit dem gesellschaftlichen Kontext?

Diese Arbeit beginnt mit den theoretischen Grundlagen zu *Rasse* und Gender in Kapitel 2. Nach einem Abriss der Geschichte des Konzepts ›Rasse‹ in Kapitel 2.1 werden Rassifizierung, Rassismus und Weißsein näher beleuchtet. Kapitel 2.2 bietet einen historischen Einblick in die Kategorie Geschlecht, gefolgt von weiteren Erläuterungen zu den Konzepten ›Gender‹, ›*Doing Gender*‹ und ›Hegemoniale Männlichkeit‹. Das 3. Kapitel verbindet die Theorie mit Fragen der Repräsentation von *Rasse*, Weißsein und Gender. In Kapitel 4 folgt die Analyse der ausgewählten Filme, die in drei Komplexe eingeteilt wurde: *Erstens* die Rehabilitation des Weißen deutschen Mannes durch Überwindung der nationalsozialistischen Vergangenheit; *zweitens* die Resouveränisierung männlicher Autorität durch Fürsorge und Rettung Schwarzer Kinder sowie die Disziplinierung oder Befreiung von Frauen; und *drittens* die Restauration deutscher Werte und Weißer Überlegenheit als stabile Grundfesten einer neuen Identität. Am Schluss wird ein Fazit gezogen, welches die Ergebnisse der Analyse zusammenfasst.

2. *Rasse* und Gender

In diesem Kapitel wird herausgearbeitet, dass Gender und *Rasse* soziale Kategorien sind, anhand derer sich die Gesellschaft strukturiert. Sie ähneln sich in vielen Aspekten; beide stiften Identität, legitimieren und reproduzieren Machtverhältnisse und erstellen eine symbolische gesellschaftliche Ordnung. Dennoch sind sie nicht einfach analog zu setzen, sondern stehen in einem komplexeren Verhältnis. Die Beziehung ihrer Diskriminierungsformen Rassismus und Sexismus sollen nun in Anlehnung an Ina Kerner skizziert werden[48], bevor die einzelnen Aspekte der beiden Kategorien in den folgenden Unterkapiteln erläutert werden.

Kerner systematisiert Rassismus und Sexismus mithilfe dreier Dimensionen: Der epistemischen Dimension, die Wissen und Diskurse beinhaltet; der institutionellen Dimension, welche institutionalisierte Formen von Rassismus und Sexismus umfasst; und der personalen Dimension, die sich auf individuelle Einstellungen, Identität und Subjektivität ebenso wie Interaktionen bezieht.[49]

Das Verhältnis der Dimensionen zueinander ist komplex und durch Ähnlichkeiten, Unterschiede, »Kopplungen«, »Verschränkungen und Verflechtungen«[50] gekennzeichnet.

Rassismus und Sexismus konstruieren wie dargestellt kategoriale Unterschiede zwischen Menschen. Anhand der Kategorie *Rasse* werden so beispielsweise Weiße und Schwarze, Asiaten, Türken, Muslime und Juden konstruiert und differenziert und anhand der Kategorie Gender Männer und Frauen. Annahmen über minorisierte Gruppen sind indes oft von Mythen geprägt, die bestimmte vermeintliche Eigenschaften naturalisieren. Diese Differenzzuschreibungen dienen häufig dazu, gesellschaftliche Verhältnisse zu legitimieren, die Menschen einen

48 Ina Kerner: Alles intersektional?: Zum Verhältnis von Rassismus und Sexismus, in: Feministische Studien (2009), S. 36–50. Kerner geht davon aus, dass auch mögliche Analogien erkenntnisbringend sein können. Gleichzeitig betont sie, dass aufgrund der Colorblindness von Weißen Frauenbewegungen besondere Vorsicht geboten sei, um nicht diejenigen erneut unsichtbar zu machen, die von Rassismus und Sexismus zugleich betroffen sind, nämlich Schwarze Frauen und Women of Color.

49 Vgl. Kerner (2009), S. 36.

50 Ebd., S. 38.

bestimmten Platz in der Gesellschaft zuweisen, um »Formen der Stratifikation und der Segregation zu legitimieren«[51].

Zugleich unterscheiden sich Rassismus und Sexismus in zwei wesentlichen Aspekten voneinander. Die Muster der Stratifikation und Segregation des Sexismus verweisen Frauen in das private Leben, den Haushalt und die Familie, ordnen sie jedoch im Bereich der Arbeit und Politik den Männern unter. Auch im Feld der Arbeit und Politik werden Menschen untergeordnet und aus einem staatlichen oder nationalen Kollektiv ausgeschlossen[52]. Kerner konstatiert, dass für den Sexismus die Unterscheidung zwischen privater und öffentlicher Sphäre wichtiger sei als für den Rassismus; im Rassismus hingegen sei die Konstruktion von Fremdheit wichtiger als im Sexismus. Rassismus und Sexismus würden sich außerdem bezüglich des Stellenwertes der Reproduktion unterscheiden. Im sexistischen Diskurs gälten diejenigen Formen von *sex*, Gender und Begehren als normal und natürlich, die die Reproduktion ermöglichen. Der rassistische Diskurs wiederum diene eher der Verhinderung von Reproduktion. Zugunsten einer nationalen, völkischen oder rassischen Homogenität solle eine ›Vermischung‹ möglichst unterbunden werden.[53] Eine Kopplung beider Diskriminierungsverhältnisse finde hingegen im Diskurs um Reproduktion statt, indem zum Beispiel von der Notwendigkeit des Bevölkerungswachstums in europäischen Industrieländern ausgegangen werde und Anreize wie Kindergeld oder Elternzeit geschaffen würden, damit Weiße deutsche Frauen mehr Kinder bekämen, während gleichzeitig eine restriktive Einwanderungspolitik den Zuzug von nicht-Weißen Menschen erschwere. Eine andere Variante der Kopplung von Rassismus und Sexismus finde dann statt, wenn rassifizierten Anderen unterstellt werde, sie seien grundsätzlich sexistischer als die Weiße Gesellschaft und die rassifizierten Frauen grundsätzlich unterdrückter.[54]

Diese Zuschreibung, die auf dem rassistischen Stereotyp beruht, Schwarze wären näher an der Natur und dadurch triebhafter, dienen auch der Projektion von sexistischem Verhalten auf eine andere Gruppe und damit einer Dethematisierung von Sexismus innerhalb des Weißen Kollektivs.

Verflechtungen, Verschränkungen und Intersektionen von Rassis-

[51] Ebd., S. 40.
[52] Ebd., S. 41.
[53] Ebd. S. 42.
[54] Ebd., S. 43–44.

mus und Sexismus beschreibt Kerner mithilfe ihrer drei eingangs vorgestellten Dimensionen. Intersektionalitäten innerhalb der personalen Dimension schaffen nach Kerner spezifische Identitäten und Subjektivierungsprozessse und beeinflussen zwischenmenschliche Interaktionen. Innerhalb der institutionellen Dimension bedeute die Verschränkung von Rassismus und Sexismus »ein komplexes Ineinandergreifen unterschiedliche Institutionengefüge«[55], das sich auf die Familienstrukturen oder Bildungschancen auswirke. Innerhalb der epistemischen Dimension, die für den vorliegenden Kontext besonders relevant ist, gehe ich so mit Kerner davon aus, dass Gendernormen anhand der Kategorie *Rasse* strukturiert sind, also rassifiziert sind, und dass Vorstellungen von *Rasse* vergeschlechtlicht sind.[56]

Nach einem Abriss der Geschichte des Konzepts *Rasse* wird im Folgenden das Konzept der Rassifizierung nach Michael Omi und Howard Winant vorgestellt. Mit Rückgriff auf die rassismustheoretischen Ausführungen von Robert Miles, Mark Terkessidis, Grada Kilomba und Birgit Rommelspacher folgt dann eine Erarbeitung eines Rassismusbegriffs, der dieser Arbeit als Grundlage dienen soll. Im Anschluss werden Ansätze der Critical Whiteness Studies, insbesondere die von Ruth Frankenberg, bell hooks[57] und Eske Wollrad, zum Themenkomplex Weißsein aufgegriffen, um die Relevanz dieser Kategorie herauszustellen. Dabei werden *Rasse* und Rassismus als gesellschaftliche Ordnungsstrukturen beschrieben, die Weißsein als Norm produzieren und *White Supremacy* etablieren.

2.1 *Rasse* und Rassismus

Das biologische Konzept menschlicher *Rassen* ist eine Erfindung des Weißen Europa aus der Zeit der Aufklärung, das dazu diente, den eigenen Herrschaftsanspruch und die Ausbeutung und Kolonisierung der Welt zu rechtfertigen.[58] Konzepte von Fremdheit und Vorstellungen des

55 Kerner (2009), S. 48.

56 Darauf bezieht sich auch Stuart Hall, wenn er schreibt, »rassifizierte Bilder von Menschen bedeuten auch immer etwas in Bezug auf sex und gender.« Hall (2004a), S. 114.

57 Die afroamerikanische Literaturwissenschaftlerin bell hooks verwendet den Namen ihrer native american Großmutter, den sie klein schreibt.

58 Vgl. Susan Arndt: ›Rasse‹. In: Susan Arndt, Nadja Ofuatey-Alazard (Hg.): Wie

›Anderen‹ gibt es schon in Antike und Mittelalter, doch ob sich in diesen Fällen von Rassismus sprechen lässt, ist umstritten.[59] Einig ist sich die Forschung jedoch darin, dass das Konzept *Rasse* in der Wissenschaft seit dem 18. Jahrhundert bis in die 70er-Jahre des 20. Jahrhunderts in Form einer umfassenden Biologisierung und einer weitreichenden Legitimierung einen wesentlichen Wandel erlebte. Der Glaube an die Existenz menschlicher *Rassen* hat enorme Wirkungsmacht entfaltet und sich ebenso wie rassistische Denkweisen tief in die europäischen Gesellschaften und ihre Diskurse eingeschrieben.

Um die Existenz menschlicher *Rassen* wissenschaftlich zu untermauern, wurden Menschen anhand von phänotypischen Eigenschaften wie beispielsweise ›Hautfarbe‹ oder Nasenform klassifiziert. Die Differenzierung von Menschen anhand von *Rassen* bedeutete die Festschreibung sozialer Unterschiede als biologische. George L. Mosse beschreibt das moderne Rassenkonzept entsprechend als eine »auf Klischees und Stereotypen basierende visuelle Ideologie«[60]. Diese vermeintlichen körperlichen Merkmale gingen direkt mit zugeschriebenen Charaktereigenschaften einher und waren unlösbar mit ihnen verbunden. Die Unterscheidung in menschliche *Rassen* war somit niemals wertneutral, sondern stets mit der Zuschreibung von Eigenschaften und Fähigkeiten verknüpft, die hierarchisch strukturiert sind. Die Klassifikation von Menschen in *Rassen* ist nicht nur inhaltlich fragwürdig; auch ihre Sinnhaftigkeit ist inzwischen von Biolog_innen wie Luigi Luca Cavalli-Sforza widerlegt worden, die nachweisen konnten, dass die genetische Varianz innerhalb einer Gruppe größer ist als zwischen zwei, zuvor als verschiedene *Rassen* begriffenen Gruppen[61]. Stattdessen ist von einem Kontinuum genetischer Unterschiede auszugehen. Arndt

Rassismus aus Wörtern spricht. (K)Erben des Kolonialismus im Wissensarchiv deutsche Sprache; ein kritisches Nachschlagewerk, Münster 2011, S. 660–664, hier S. 660. So wurde die Sklaverei in der Antike moralisch begründet und im Mittelalter herrschten theologische Erklärungsmuster vor. Vgl. Tobias Nagl: Die unheimliche Maschine. Rasse und Repräsentation im Weimarer Kino, München 2009, S. 19f.

59 Während beispielsweise der Soziologe Hund Rassismus als transhistorisches Phänomen begreift, ist nach Christian Geulen in Bezug auf Antike und Mittelalter nicht von Rassismus zu sprechen. Siehe Wulf D. Hund: Rassismus. Die soziale Konstruktion natürlicher Ungleichheit, Münster 1999; Christian Geulen: Geschichte des Rassismus, Bonn 2007.

60 George L. Mosse: Die Geschichte des Rassismus in Europa, Frankfurt am Main 2006, S. 9.

61 Luca Cavalli-Sforza, Francesco Cavalli-Sforza: Verschieden und doch gleich. Ein Genetiker entzieht dem Rassismus die Grundlage, München 1994.

bekräftigt: »Alle Grenzziehungen in diesem Kontinuum sind letztlich willkürlich und folgen einem ideologisch motivierten historischen Herstellungsverfahren«[62].

Aufgrund der Verbreitung von *Rassen*-Denken und *Rassen*-Antisemitismus im Nationalsozialismus gilt der Begriff *Rasse* in Deutschland mitunter als zu stark vorbelastet, nicht mehr zeitgemäß und daher unangemessen für heutige Debatten. Stattdessen wird oftmals nicht mehr von *Rassen*, sondern von ›Kulturen‹ oder ›Ethnien‹ gesprochen. Dazu sind drei Anmerkungen zu machen. Die UN haben 1950 ein *Statement on Race*[63] abgegeben. Ein Effekt dieser Entwicklung war, dass immer häufiger die Kultur als Unterscheidungsmerkmal benannt wurde, worin sich verschiedene Gruppen unterscheiden würden.[64] Da die Begriffe ›Kultur‹ und ›Ethnie‹ allerdings regelmäßig funktionsäquivalent zum Begriff *Rasse* verwendet werden, also ebenfalls eine als essenziell verstandene kollektive Kategorisierung bedeuten, stellen sie *erstens* keine echte Alternative dar. *Zweitens* hat das Abwälzen von Thema und Begriff *Rasse* in die NS-Zeit oftmals die Funktion, Rassismus in Deutschland zu *de*thematisieren. Es erscheint jedoch wenig plausibel, davon auszugehen, dass der Rassismus unter Hitler seinen Zenit erlebte und dann schlagartig 1945 aus Deutschland verschwand.[65] Stattdessen gehe ich davon aus, dass es Kontinuitäten gibt, die über 1945 hinausgehen. Der Mythos der ›Stunde Null‹ konnte in den vergangenen beiden Jahrzehnten dekonstruiert werden und damit auch Kontinuitäten herausgearbeitet werden. *Drittens* ist nicht einmal zu belegen, dass der Begriff *Rasse* nach 1945 aus der deutschen Sprache verschwunden wäre. Nicht nur im Alltag, auch in politischen und naturwissenschaftlichen Diskursen ist der Begriffe *Rasse* nach 1945 durchaus weiter üblich gewesen. Im

62 Susan Arndt: ›Rassen‹ gibt es nicht, wohl aber die symbolische Ordnung von Rasse. Der ›Racial Turn‹ als Gegennarrativ zur Verleugnung und Hierarchisierung von Rassismus. In: Susan Arndt, Maureen Maisha Eggers, Grada Kilomba, Peggy Piesche (Hg.): Mythen, Masken und Subjekte. Kritische Weißseinsforschung in Deutschland, Münster 2005, S. 340–362, hier S. 342.

63 UNESCO: Four statements on the race question, Paris 1969.

64 Vgl. Rita Chin, Heide Fehrenbach: Introduction: What's Race Got to Do With It? Postwar German History in Context. In: Rita Chin, Heide Fehrenbach, Geoff Eley, Atina Grossmann (Hg.): After the Nazi racial state. Difference and democracy in Germany and Europe, Ann Arbor 2009 (= Social history, popular culture, and politics in Germany), S. 1–29, hier S. 13.

65 Erst seit den Pogromen nach der Wiedervereinigung Deutschlands u.a. in Rostock-Lichtenhagen, Hoyerswerda, Mölln und Solingen, die eine neue Qualität rassistischer Gewalt darstellten, wird der Begriff »Rassismus« in der öffentlichen Debatte der Bundesrepublik verwendet.

deutschen Grundgesetz steht in Artikel 3.3: »Niemand darf wegen [...] seiner Rasse [...] benachteiligt oder bevorzugt werden«[66]. Auch die Antirassismusrichtlinie der EU verwendet den Begriff *Rasse* mehrfach[67]. Ebenso wird der auf Menschen bezogene *Rasse*-Begriff in medizinischen Forschungen, Gesetzestexten, bibliothekarischen Schlagwortbegriffen oder lexikalischen Wörterbucheinträgen unkritisch tradiert[68].

In der deutschen Rassismusforschung wird auch der englische Begriff *Race* verwendet, da er den sozialen Konstruktionscharakter des Konzepts beinhaltet und im Gegensatz zum deutschen Begriff *Rasse* als ›neutraler‹ gilt, da er nicht primär mit dem Nationalsozialismus in Verbindung gebracht wird.[69] Die Verwendung von englischen Termini impliziert allerdings eine Distanzierung vom Forschungsgegenstand dieser Arbeit, der in einen deutschsprachigen Diskurs eingebettet ist, die ich vermeiden möchte. Zudem ist fraglich, ob der englische Begriff angesichts der Gewalt des britischen Kolonialismus als ›neutral‹ gelten kann. Im Kontext dieser Arbeit, die einen Zeitraum untersucht, der unmittelbar auf den Nationalsozialismus folgt, scheint es vielmehr angebracht, durch Verwendung des Begriffs *Rasse* den Bezug zu den deutschen Diskursen des 20. Jahrhunderts mitsamt seiner negativen Konnotationen zu betonen.

> *»Es gibt eine symbolische und faktische Rangordnung der Physiognomien. [...] hier gibt es nur einen Namen, der die reale Gewalttätigkeit nicht unterschlägt:* Rasse. *Das Wort ist böse, es sticht, es tut weh – kein anderes Zeichen, das besser passte.«*[70]

66 Deutscher Bundestag: I. Die Grundrechte. http://www.bundestag.de/bundestag/aufgaben/rechtsgrundlagen/grundgesetz/gg_01/245122.

67 EUR-Lex: Richtlinie 2000/43/EG des Rates vom 29. Juni 2000 zur Anwendung des Gleichbehandlungsgrundsatzes ohne Unterschied der Rasse oder der ethnischen Herkunft. http://eur-lex.europa.eu/LexUriServ/LexUriServ.do?uri=CELEX:32000L0043:DE:HTML.

68 Vgl. Susan Arndt: Racial Turn. In: Susan Arndt, Nadja Ofuatey-Alazard (Hg.): Wie Rassismus aus Wörtern spricht. (K)Erben des Kolonialismus im Wissensarchiv deutsche Sprache; ein kritisches Nachschlagewerk, Münster 2011, S. 185–189, hier S. 186.

69 So zum Beispiel in Gabriele Dietze: Race Class Gender: Differenzen und Interdependenzen am Amerikanischen Beispiel, in: Gender studies und Interdisziplinarität 12 (2001), S. 30–49.

70 Paul Mecheril: Rassismuserfahrungen von Anderen Deutschen – eine Einzelfallbetrachtung. In: Paul Mecheril, Thomas Teo (Hg.): Psychologie und Rassismus, Reinbek bei Hamburg 1997 (= Rororo Rowohlts Enzyklopädie), hier S. 198.

Das Konzept *Rasse* stellt die Wirkmächtigkeit der Kategorie in den Fokus, die auch ohne Bezug auf die Biologie weiter besteht. Im Folgenden soll anhand der *Racial Formation Theory* dargestellt werden, wie *Rasse* die Gesellschaft strukturiert.

2.1.1 Racial Formation / Rassifizierung

Die Politologen Michael Omi und Howard Winant haben 1986 mit ihrer *Racial Formation Theory*[71] einen theoretischen Zugang zu *Rasse* im Sinne eines fundamentalen Organisationsprinzips sozialer Beziehungen erarbeitet, das sich sowohl in persönlichen Wertvorstellungen als auch in wirtschaftlichen Verteilungsprozessen manifestiert. Die *Racial Formation Theory* hat die Grundlage für viele folgende Rassismustheorien gelegt, da sich mithilfe dieses analytischen Rahmenwerks *Rasse* und Rassismus in verschiedensten Kontexten dekonstruieren lassen. Die *Racial Formation Theory* löst zunächst den Widerspruch auf, dass *Rasse* entweder etwas Essenzielles oder aber reine Illusion sein muss. »[W]e should see race as a dimension of human representation rather than an illusion.«[72] *Rasse* und ihre Wirkungen werden als real aufgefasst, während gleichzeitig beachtet wird, dass es sich bei *Rasse* um eine Konstruktion handelt, die nicht auf biologischen oder anderen Tatsachen beruht. Omi und Winant verstehen *Rasse* als einen instabilen, im politischen Kampf wandlungsfähigen Komplex sozialer Bedeutung; ein Konzept, »which signifies and symbolizes social conflicts and interests by referring to different types of human bodies«[73]. Die Auswahl der Eigenschaften, die die rassifizierte Differenz der Körper ausmacht, ist dabei Ergebnis eines sozialen Prozesses, auch wenn auf sichtbare Eigenschaften Bezug genommen wird. Trotz dieses Einwands betonen Omi und Winant, »the concept of race continues to play a fundamental role in structuring and representing the social world.«[74] Die Herstellung einer rassifizierten Realität findet also auf zwei Ebenen statt, der sozialen Struktur und der kulturellen Repräsentation. *Rasse* wird zum *common sense*, zu einem Wissen, über das alle, bewusst oder unbewusst, ver-

[71] Auf Deutsch: Rassifizierungstheorie. Michael Omi, Howard Winant: Racial Formation. In: Gilbert B. Rodman (Hg.): The race and media reader, New York 2014, S. 5–24.

[72] Omi, Winant (2014), S. 6.

[73] Ebd.

[74] Ebd.

fügen – und damit zu einer Weise, die Welt zu verstehen und in ihr zu handeln.

Omi und Winant präsentieren das Konzept der Rassifizierung[75] als einen historisch zu verortenden Prozess, in dem sowohl Menschen als auch symbolische Ordnungen repräsentiert und strukturiert werden. Danach stellen sie eine Verknüpfung zu hegemonialen Strukturen her, die gesellschaftliche Prozesse organisieren und führen. Rassifizierung meint den Prozess, der die Kategorie *Rasse* in einer Gesellschaft als Ordnungskategorie implementiert. Omi und Winant verstehen die moderne Gesellschaft als von Rassifizierungsprojekten[76] – also Projekten, in denen *Rasse* eine Rolle spielt und die alle Subjekte betreffen – durchdrungen. Diese Projekte vermitteln zwischen diskursiven Mitteln und institutionellen Formen und sie handeln diese und ihr Verhältnis zueinander immer wieder neu aus. Konkrete, historisch spezifische Rassifizierungsprojekte verbinden die symbolische Ebene mit der strukturellen Ebene.

> *»A racial project is simultaneously an interpretation, representation, or explanation of racial dynamics, and an effort to reorganize and redistribute resources along particular racial lines. Racial projects connect what race means in a particular discursive practice and the ways in which both social structures and everyday experience are racially organized, based upon that meaning.«*[77]

Rassifizierungsprojekte vermitteln also zwischen diskursiver Bedeutung von *Rasse*, sozialen Strukturen und Alltagserfahrungen. Um ein Projekt als rassistisch zu bezeichnen, muss in diesem folglich eine Verbindung zwischen essenzialistischen Repräsentationen von *Rasse* und sozialen Strukturen der Herrschaft vorliegen.[78]

Omi und Winant verorten den Beginn der Rassifizierung in der kolonialen Situation, doch Eske Wollrad hat darauf hingewiesen, dass das erste Rassifizierungsprojekt ein innereuropäisches war[79]. Spanische Christ_innen, die jüdische Vorfahren hatten oder selber konvertiert waren, wurden ab dem 15. Jahrhundert aus der spanischen Gesellschaft ausgeschlossen, da nunmehr davon ausgegangen wurde, dass ihre jüdische Geschichte eine biologische sei und ihr Blut niemals rein sein

75 Im englischen Original: Racial Formation oder Racialisation.
76 Im englischen Original: Racial Projects.
77 Omi, Winant (2014), S. 7.
78 Ebd., S. 17.
79 Vgl. Wollrad (2005), S. 56f.

könne. Mit der *limpieza de sangre*[80] begann die »›rassische‹ Einschreibung von Macht und Ohnmacht, von Herrschaft und Unterwerfung auf den Körper«[81]. Nichtsdestotrotz war es der Kolonialismus, der die Rassifizierungsprozesse globalisierte. Insofern ist Omi und Winant zuzustimmen: Der Kolonialismus befeuerte eine

> *»consolidated social structure of exploitation, appropiation, domination. Its representation, first in religious terms, but soon enough in scientific and political ones, initiated modern racial awareness«*[82].

Die Kategorie *Rasse* steht dabei in permanenter Wechselwirkung mit anderen gesellschaftlichen Kategorien, die Machtverhältnisse repräsentieren, wie Gender, Klasse, Alter oder Bildungsstand.

> *»They overlap, intersect, and fuse with each other in countless ways.* [...] *In many respects, race is gendered and gender is racialized. In institutional and everyday life, any clear demarcation of specific forms of oppression and difference is constantly being disrupted.«*[83]

Rasse wirkt also stets intersektional und kann nicht als isolierte Kategorie begriffen werden.

2.1.2 Rassismus

Die Annahme, dass Rassismus ein Phänomen des Nationalsozialismus gewesen sei, führte zu der Vorstellung, dass der Begriff die Zustände in der Bundesrepublik nicht angemessen beschreibe. Stattdessen war euphemistisch von ›Fremdenfeindlichkeit‹ oder ›Ausländerfeindlichkeit‹ die Rede. Problematisch an beiden Begriffen ist jedoch, dass diese suggerieren, es gäbe eine klare Differenz zwischen Eigenen und Fremden, zwischen Inländern und Ausländern. Die Feindseligkeit gegenüber den so segregierten ›Fremden‹ oder ›Ausländern‹ sei demnach durch diese reale Differenz begründet. Die Gewalt oder Diskriminierung, die People of Color mit deutschem Pass, deren Familien seit Generationen in Deutschland leben, erfahren, wird mit diesen Begriffen nicht erfasst, denn sie sind weder ›Ausländer‹ noch ›fremd‹. Was sie erleben, wird in Publikationen der letzten etwa 20 Jahre mit dem Begriff Rassismus be-

80 Auf Deutsch: Reinheit des Blutes.
81 Wollrad (2005), S. 58.
82 Omi, Winant (2014), S. 10.
83 Ebd., S. 14.

schrieben, der eben nicht den Anderen als ›anders‹ kennzeichnet, sondern die Denkweise meint, die Menschen als ›Andere‹ markiert.

In diesem Kapitel werden verschiedene Ansätze vorgestellt, wie Rassismus definiert werden kann. Heutzutage wird davon ausgegangen, dass es nicht nur den einen Rassismus gibt, sondern viele verschiedene *Rassismen*, die unterschiedliche Formen und Betroffene haben können. Es gibt ebenfalls viele verschiedene Verständnisse und Definitionen von Rassismus, von denen ich diejenigen hier kurz skizzieren möchte, die als Grundlage für meine Analyse dienen sollen.

Omi und Winant haben mit ihrer Rassifizierungstheorie bereits eine Unterscheidung zwischen *Rasse* und Rassismus getroffen. Durch die Fokussierung auf Projekte ändert sich das Verständnis von Rassismus, denn dieser zeichnet einige, aber nicht alle Rassifizierungsprojekte aus. »A racial project can be defined as racist if and only if it creates or reproduces structures of domination based on essentialist categories of race«[84]. Entscheidend ist also die Stärkung oder Reproduktion bestehender Machtverhältnisse entlang der Kategorie *Rasse*, obgleich Etienne Balibar unter dem Schlagwort »Rassismus ohne Rassen«[85] darauf hingewiesen hat, dass der heutige Rassismus häufig nicht mehr mit Rassen, sondern mit vermeintlich unüberbrückbaren kulturellen Differenzen argumentiert.

In einem alltäglichen Verständnis wird Rassismus häufig gleichgesetzt mit Diskriminierung oder persönlichen Vorurteilen, obgleich sich beide in Bezug auf die Rolle von Machtbeziehungen wesentlich unterscheiden. Rassismus ist eine Form der Unterdrückung, mithilfe derer eine gesellschaftliche Gruppe institutionalisierte Macht über andere Gruppen ausübt. Diskriminierung hingegen ereignet sich auch unabhängig von oder gegenläufig zu einem Machtverhältnis und wird nicht durch institutionelle Strukturen gedeckt. Anita Kalpaka und Nora Räthzel fassen zusammen:

> *»Wird eine so als ›Rasse‹ konstruierte Gruppe gegenüber der eigenen als minderwertig eingestuft und führt diese Auffassung zur Ausgrenzung und Marginalisierung dieser Gruppe, handelt es sich um Rassismus. Rassismus ist also unserer Auffassung nach mit Macht verknüpft. Nur wenn die Gruppe, die eine andere als minderwer-*

84 Ebd., S. 16.

85 Vgl. Etienne Balibar: Gibt es einen ›Neo-Rassismus‹? In: ders.: *Rasse*, Klasse, Nation. Ambivalente Identitäten, Hamburg 1990, S. 23–38, hier S. 28.

tige ›Rasse‹ konstruiert, auch die Macht hat, diese Konstruktion durchzusetzen, kann von Rassismus gesprochen werden.«[86]

Grundlage meines Verständnisses von Rassismus ist, dass sich die Gesellschaft neben anderen Kategorien anhand des Strukturprinzips *Rasse* organisiert, welches auf grundlegende Weise sinnstiftend ist. Rassismus als System von Diskursen und Praxen legitimiert und reproduziert historisch entstandene ebenso wie aktuelle Machtverhältnisse und Ressourcenverteilungen und manifestiert kollektive Wertvorstellungen. In diesem Sinne ist Rassismus, dem immer eine Konstruktion von *Rasse* zugrunde liegt, allgegenwärtig, wenn auch nicht alle Bezüge auf *Rasse* zwangsläufig rassistisch sind, worauf Omi und Winant hingewiesen haben.[87]

Rassismus existiert nie nur theoretisch, weshalb Robert Miles nicht nur Rassifizierung und differenzielle Macht, sondern auch eine Ausgrenzungspraxis als elementar für Rassismus definiert. Die Ausgrenzungspraxis fasst die Fälle,

> *»in denen eine näher bezeichnete Gruppe bei der Zuteilung von Ressourcen und Dienstleistungen nachweislich ungleich behandelt wird, oder in denen sie in der Hierarchie der Klassenverhältnisse systematisch über- oder unterrepräsentiert ist«*[88].

Mark Terkessidis erweitert die Theorie von Robert Miles und betont, dass in dem Prozess der Rassifizierung, in dem Menschen nach bestimmten körperlichen oder fiktiven Merkmalen in Gruppen eingeteilt werden, bereits eine Wertung dieser Eigenschaften und damit der Gruppen enthalten ist; die »Kategorien und das Wertesystem der hegemonialen Gruppe«[89] stützen sich gegenseitig. Physische Unterschiede waren und sind überhaupt nur deswegen relevant, weil Menschen ihnen eine gesellschaftliche Bedeutung zuschreiben. Die Ausgrenzungspraxis bezeichnet »die ganze praktische Struktur des Rassismus«[90], die auf

86 Annita Kalpaka, Nora Räthzel: Die Schwierigkeit, nicht rassistisch zu sein, Leer 1990, S. 13f.

87 Wenn eine Gruppe sich explizit als Gruppe of Color organisiert, um in einer Weiß dominierten Gesellschaft einen Schutzraum zu schaffen oder Widerstand zu leisten, dann ist dieser Bezug auf *Rasse* demnach nicht als rassistisch zu werten.

88 Robert Miles: Rassismus. Einführung in die Geschichte und Theorie eines Begriffs, Hamburg 1999, S. 103.

89 Mark Terkessidis: Psychologie des Rassismus, Opladen 1998, S. 76.

90 Ebd., S. 78.

verschiedenen Ebenen stattfindet, wie der personellen, epistemischen, strukturellen, institutionalisierten, internalisierten oder alltäglichen Ebene. Rassismus als dispositives Netz umfasst so nicht nur Einstellungen, Selbst- und Fremdbilder, sondern besteht aus

> *»Diskursen, Institutionen, architektonischen Einrichtungen, Gesetzen, administrativen Maßnahmen, wissenschaftlichen Aussagen, philosophischen, moralischen und philantropischen Lehrsätzen«*[91]

und ist neben anderen eine zentrale Kategorie, die Gesellschaft nicht nur strukturiert, sondern auch die Regeln ihrer Strukturierung prägt. Die differenzierende Macht, die diese Differenzierungen mit Gewalt durchsetzt, funktioniert apersonal, also unabhängig vom Subjekt.[92]

Hinsichtlich der Frage, wie Rassismus in Bezug auf rassistische Zuschreibungen funktioniert, erweisen sich die Herangehensweisen von Grada Kilomba[93] und Birgit Rommelspacher[94] als aufschlussreich. Rassismus besteht demnach aus drei Schritten, zunächst der Konstruktion von Differenz durch Reduktion, Essenzialisierung und Homogenisierung: Eine Gruppe von Menschen wird auf eine Eigenschaft, die anhand der Kategorie *Rasse* definiert wird, reduziert. Diese Reduktion bedeutet, dass diese Eigenschaft essenzialisiert und naturalisiert wird, also als grundlegendes, wesentliches und naturgegebenes Merkmal festgeschrieben wird.[95] Die Gruppe wird als homogene Gruppe konstruiert und damit vereinheitlicht. Reduktion, Essenzialisierung und Homogenisierung sind darüber hinaus Elemente der Stereotypisierung in der medialen Darstellung des rassifizierten Anderen.[96] Der zweite Schritt ist die Polarisierung und Hierarchisierung. Die konstruierte Gruppe wird einer anderen Gruppe als grundlegend anders und unvereinbar gegenübergestellt.[97] Hinzu kommt eine hierarchische Abstufung, in

91 Michel Foucault: Das Spiel des Michel Foucault (Gespräch), in: ders.: Schriften in vier Bänden. Dits et Ecrits, hrsg. von Michel Foucault 2003, S. 391–429, hier S. 392.

92 Vgl. Terkessidis (1998), S. 78f.

93 Grada Kilomba: Plantation memories. Episodes of everyday racism, Münster 2010.

94 Birgit Rommelspacher: Was ist eigentlich Rassismus? In: Claus Melter, Paul Mecheril (Hg.): Rassismustheorie und -forschung, Schwalbach/Ts. 2009 (= Reihe Politik und Bildung), S. 25–38.

95 Ebd., S. 29.

96 Das Thema Stereotypisierung wird in Kapitel 3.2 weiter ausgeführt.

97 Vgl. Rommelspacher (2009), S. 29.

der alle rassifizierten Gruppen eingeordnet werden. Die Reihenfolge ist flexibel und hängt von gesellschaftlichem und historischem Kontext ab, doch die dominante Gruppe ist immer die Weiße. Der dritte und entscheidende Schritt ist dann die praktische Umsetzung durch Macht. Nur wer über die historische, politische, soziale und ökonomische Macht verfügt, kann, wie bereits ausgeführt, eine solche Diskriminierung auch praktisch umsetzen. Rassismus und rassistische Diskriminierung existieren also nur innerhalb eines asymmetrischen Machtverhältnisses und legitimieren und reproduzieren dieses Verhältnis. Die gängige Reduzierung von Rassismus auf persönliche Vorurteile spiegelt in erster Linie die herrschenden Strukturen wider. Denn

> »[w]*ho wrote the dictionary? [...] Whose interests are served by a ›prejudice only‹ definition of racism? It is important to understand that the system of advantage is perpetuated when we do not acknowledge its existence.*«[98]

Diese diskursiven[99] Zuschreibungen sind Teil des Prozesses, der den ›Anderen‹ markiert und positioniert. Eigenschaften, die nicht in das Weiße Selbstbild passen, werden auf den rassifizierten Anderen projiziert und dadurch auch personalisiert. Dahinter steht die Annahme, dass sich das Selbst erst in Beziehung zum Anderen konstituiert. Encarnación Gutiérrez Rodríguez schreibt dazu:

> »*Die Markierung von Marginalität erschafft die Position des Zentrums. Durch diese Markierung imaginiert und konstituiert sich das Zentrum als Produzent der Wahrheit und der Wirklichkeit. Von diesem Zentrum aus werden dann Positionen der Marginalität und der Subalternalität angerufen und bereitgestellt. Dabei spielen die staatlichen und gesellschaftlichen Techniken des Othering zum Beispiel in Form von Ausländer- und Asylgesetzen, aber auch der Ethnisierung im Diskurs um Multi/Interkulturalität eine entscheidende Rolle bei der Setzung subalterner Praktiken und Stimmen.*«[100]

98 Beverly Daniel Tatum: Defining Racism: »Can we talk?«. In: Gilbert B. Rodman (Hg.): The race and media reader, New York 2014, S. 25–32, hier S. 28.

99 Die Ebene der Diskurse und damit von Sprache, Bildern, Handlungen und Repräsentation findet sich bei Kilomba unter dem Begriff ›alltäglicher Rassismus‹ und bei Ina Kerner (ausführlicher zu Kerner siehe Kapitel 3.3.) unter ›epistemischer Rassismus‹.

100 Encarnación Gutiérrez Rodríguez: Repräsentation, Subalternität und postko-

Die Weiße Identität braucht das Andere, um sich selbst zu bestimmen. Erst Differenz zum Anderen und dessen rassifizierte Markierung lässt das Weiße Subjekt als Zentrum von Welt und Wahrheit erscheinen, die Subjektformation selbst beruht auf Differenz. Auf verschiedenen Ebenen wie Politik, Recht, Kultur und Alltag wird durch *Othering*[101] Differenz hergestellt und als solche markiert. Dies geschieht nicht zuletzt in Form von Kulturprodukten, in denen stets auch verschiedene Identitätskonzepte verhandelt werden. Die Darstellung des Anderen definiert so auch immer das Selbst und grenzt beide voneinander ab. Die Markierung von Unterschieden ist zugleich zentrale Funktion des Rassismus, denn sie dient dazu, den privilegierten Zugang zu und den Ausschluss von sozialen, politischen und wirtschaftlichen Ressourcen zu ermöglichen. Praktisch bedeutet dies die Dominanz und Privilegierung von Weißen Menschen. Kilomba fasst zusammen: »And in this sense, racism is white supremacy«.[102] Das bedeutet, dass Rassismus nicht nur eine Ideologie beschreibt, die den rassifizierten ›Anderen‹ unterdrückt, sondern gleichzeitig stets darauf abzielt, die angenommene Überlegenheit der Weißen zu betonen, zu bestätigen und zu bewahren.

2.1.3 Weißsein

Im Folgenden werde ich verschiedene Konzepte von Weißsein und *White Supremacy* vorstellen, die als Grundlage für die nachfolgende Analyse von Weißsein im Film dienen werden. Beide Ansätze haben ihren Ursprung in den 1980er-Jahren in den USA und haben sich inzwischen in verschiedenen geistes- und sozialwissenschaftlichen Disziplinen etabliert. Sind die *Critical Whiteness Studies* und der Fokus auf Weißsein in der etablierten, Weiß dominierten Wissenschaft weltweit eine verhältnismäßig neue Entwicklung, so muss doch darauf hingewiesen werden, dass Schwarze Menschen sich seit Jahrhunderten nicht nur im Alltag, sondern auch auf literarischer und wissenschaftlicher Ebene mit Weißsein beschäftigen:

> *»Schwarze in den Vereinigten Staaten haben sich niemals als EthnologInnen und/oder EthnographInnen in einer eigenen Institution zusammengefunden, um das Weißsein zu studieren. Doch seit*

loniale Kritik. In: Hito Steyerl (Hg.): Spricht die Subalterne deutsch? Migration und postkoloniale Kritik, Münster 2003, S. 17–37, hier S. 31.

101 Das Konzept *Othering* wird in Kapitel 3.2. ausführlicher besprochen.

102 Kilomba (2010), S. 42.

der Zeit der Sklaverei haben sie untereinander in Gesprächen ihr jeweiliges ›spezielles‹ Wissen über Weißsein ausgetauscht, das sie durch unmittelbares und scharfes Beobachten der Weißen gewonnen haben.«[103]

Wenn wir davon ausgehen, dass *Rasse* ein allgegenwärtiges Strukturprinzip der Welt ist, dann bedeutet das, dass es, wie jedes Herrschaftsprinzip, nicht nur das Leben derjenigen prägt, die unterdrückt werden, sondern ebenso das Leben derjenigen, die profitieren. Wer hat Zugang zum Arbeitsmarkt, zum Wohnungsmarkt, zu kulturellen Einrichtungen, zur Gesundheitsvorsorge? Der Zugang zu diesen Leistungen realisiert sich anhand von *Rasse*, indem Schwarze strukturell benachteiligt und Weiße bevorteilt werden. Dyer betont, dass *Rasse* nicht der einzige Faktor ist, der eine Rolle spielt, doch *Rasse* »is never not a factor, never not in play«[104]. Ein Aspekt, der dabei häufig unbeachtet bleibt, ist Weißsein. Es werden stets die anderen als diejenigen identifiziert, die eine ›Farbe‹ oder eine *Rasse* haben. Weißsein bleibt weitgehend unmarkiert, denn es ist die Norm, die es nicht zu erwähnen braucht. In diesem Sinne gelten Weiße Menschen einfach als ›normale‹ Menschen. Gerade durch diese Nicht-Benennung gelingt es, Weiße Positionen als hegemoniale aufrecht zu erhalten:

> *»There is no more powerful position than that of being ›just‹ human. The claim to power is the claim to speak for the commonality of humanity. Raced people can't do that – they can only speak for their race. But non-raced people can, for they do not represent the interest of a race.«*[105]

Nach Eske Wollrad bezeichnet Weißsein »ein System rassistischer Hegemonie, eine Position strukturell verankerter Privilegien, einen Modus von Erfahrung, eine spezifische und wandelbare Identität, die zugesprochen, erkämpft und verloren werden kann«[106]. Weißsein ist als Teil von Rassifizierung, als relationale Kategorie, als politische Kategorie sowie als Privilegierung beschreibbar.[107] Es konstituiert sich im

[103] bell hooks: Black looks. Popkultur – Medien – Rassismus, Berlin 1994, S. 204.
[104] Richard Dyer: The Matter Of Whiteness. In: Les Back, John Solomos (Hg.): Theories of race and racism. A reader, London 2000 (= Routledge student readers), S. 539–548, hier S. 539.
[105] Richard Dyer: White, London 1997, S. 2.
[106] Wollrad (2005), S. 21.
[107] Ebd., S. 127.

Zuge der Rassifizierung von Gesellschaften und auf globaler Ebene. »Schließlich ist Weißsein nicht nur Bestandteil von Rassifizierungsprozessen, sondern gleichzeitig Initiator und Motor dieser Prozesse«[108].

Die Verwendung des Konzepts ›Weißsein‹ anstelle von ›Rassismus‹ stellt eine Fokusverschiebung dar, die es ermöglicht, auch die eigene Position in den Blick zu nehmen:

> »[e]*s ist viel schwieriger für uns, allen Ernstes zu sagen: ›Weiß-Sein hat nichts mit mir zu tun – ich bin in einer vollkommen weißen Umgebung aufgewachsen‹ als: ›Rassismus hat nichts mit mir nichts zu tun, ich bin in einer vollkommen weißen Umgebung aufgewachsen.‹*«[109]

Frankenbergs siebenteilige Definition von Weißsein, die sie auf Grundlage von empirischen Forschungen im US-amerikanischen Kontext entwickelt hat, bietet einen guten Überblick über wesentliche Elemente von Weißsein. Nach Frankenberg ist Weißsein *erstens* »eine Position struktureller Vorteile in Gesellschaften, die durch rassistische Dominanz geprägt sind«[110]. Die Begünstigungen und Vorteile, die Weiße Menschen genießen, sind ihnen in der Regel überhaupt nicht bewusst, da sie Teil der Normalität sind, in der sie leben. Die Dominanz wird für Weiße häufig nur dann Thema, wenn sie infrage gestellt wird. Die Abwehrmechanismen, die typischerweise darauf folgen, dienen dazu, die Privilegien aufrechtzuerhalten und als selbstverständlich oder gar natürlich zu bewerten.

> »*Weiße Privilegien fangen bei der Wahlmöglichkeit von Weißen an, wann, wie und in welcher Form sie sich mit Rassismus auseinandersetzen wollen, beziehungsweise schon damit, dass relativ angstfrei öffentliche Räume genutzt werden können. Sie beinhalten den leichteren Zugang zu gesellschaftlichen Ressourcen, die Repräsentation und Vertretung der eigenen sozialen Gruppe und der damit verbundenen Interessen in der Öffentlichkeit sowie die Anerkennung der persönlichen Kompetenz und nicht deren Reduktion oder Rückführung auf die eigene Herkunft. Neben vielem*

[108] Ebd., S. 21.
[109] Ruth Frankenberg: Weiße Frauen, Feminismus und die Herausforderung des Antirassismus. In: Gabriele Habinger, Brigitte Fuchs (Hg.): Rassismen & Feminismen. Differenzen, Machtverhältnisse und Solidarität zwischen Frauen, [Wien] 1996, S. 51–66, hier S. 59.
[110] Ebd., S. 56.

anderem bedeutet es ein Vertrauen in die eigene Wahrnehmung, eine automatische Einbeziehung in die Mehrheitsgesellschaft, eine gewisse körperliche Integrität, ein Recht auf Intimität, weil nicht beständig aufdringliche Fragen nach Herkunft, Familienkonstellation, Gründe für Anwesenheit und eigenen ›Style‹ an einen herangetragen werden, und es bedeutet Schutz vor aufdringlichen Blicken, Sprüchen und Gewalt.« [111]

Weißsein ist nach Frankenberg *zweitens* »ein ›Standpunkt‹, nämlich der Standort, von dem aus das Selbst, die anderen sowie nationale und globale Ordnungssysteme gesehen werden«[112]. Das bedeutet, dass die Weiße Position keine neutrale oder universale ist, sondern einen spezifischen Ort in einer rassifizierten Gesellschaft darstellt, von dem aus sich Perspektiven und Sichtweisen ergeben. Die Subjektformation von Weißen Menschen findet also immer im Verhältnis zu ihrem Weißsein und ihrer Weißen Position statt. *Drittens* ist Weißsein »ein Ort, an dem sich eine Reihe von kulturellen Handlungsweisen und Identitäten herausbilden; diese sind selten gekennzeichnet und benannt, sie werden eher als national oder ›normativ‹ und nicht als spezifisch ›rassisch‹ bezeichnet«[113]. Weiße Handlungsweisen und Identitäten gelten als normal, andere als unnormal. Vorstellungen von Nation beispielsweise in Deutschland beziehen sich nicht unbedingt explizit auf Weißsein, meinen Weißsein aber implizit immer mit. Da Weißsein nie absolut existiert, sondern immer im Verhältnis zu anderen Herrschaftsprinzipien, ist Weißsein nach Frankenberg *viertens* »kein absoluter Ort von Privilegien; vielmehr wird Weiß-Sein von einer Reihe von anderen Achsen relativer Begünstigung oder Benachteiligung durchschnitten«[114]. Dieser Aspekt wird in der nachfolgenden Analyse besonders relevant, wenn es um die Verknüpfungen und Verquickungen von *Rasse* und Gender geht. Weißsein ist *fünftens* keine natürliche, keine essenzielle Kategorie, sondern eine historische: »Wie andere rassistische Zuschreibungen

111 Ingmar Pech: Whiteness – akademischer Hype und praxisbezogene Ratlosigkeiten?: Überlegungen für eine Anschlussfähigkeit antirassistischer Praxen. In: Gabi Elverich, Annita Kalpaka, Karin Reindlmeier (Hg.): Spurensicherung. Reflexion von Bildungsarbeit in der Einwanderungsgesellschaft, Frankfurt am Main 2006 (= Internationale Beiträge zu Kindheit, Jugend, Arbeit und Bildung), S. 63–92, hier S. 74.

112 Frankenberg (1996), S. 56.

113 Ebd., S. 56.

114 Ebd., S. 56.

auch, hat Weiß-Sein keine eigentlichen, sondern nur sozial konstruierte Bedeutungen«[115]. Weißsein ist kein physisches, unverlierbares Merkmal von Körper und Identität, sondern kann im Rahmen von sozioökonomischen Prozessen verloren, erkämpft oder auch aufgezwungen werden.[116] Ein Beispiel dafür ist der Begriff der ›Verkafferung‹ von Weißen Kolonisatoren, der einen Verlust von Weißsein durch übermäßigen oder sexuellen Kontakt zur Schwarzen Bevölkerung bezeichnete. Nach Wollrad ist zentral, »dass Körperkartografien kognitive Abrichtungen vorausgehen«[117], die Zuschreibungen wie Weiß oder Schwarz einschreiben und überhaupt erst lesbar machen. Weißsein ist *sechstens* eine verhältnismäßige Kategorie, die ihre Bedeutung erst »im Zusammenhang mit und im Gegensatz zu anderen (ebenfalls sozial konstruierten) ›rassischen‹ Kategorien erhält«[118], also etwa im Gegensatz zu Schwarzsein oder Fremdsein. *Siebtens* betont Frankenberg, dass Weißsein trotz seines Konstruktionscharakters reale materielle und diskursive Auswirkungen hat[119].

Diese Ausführungen zur Bedeutung von Weißsein legen nahe, dass Weißsein in der westlichen Realität und Kultur allgegenwärtig und wirkmächtig ist, obgleich es häufig unmarkiert und unerkannt bleibt. Ein Ziel der vorliegenden Arbeit ist es, Weißsein und seine Repräsentationen im Film der Nachkriegszeit aufzuspüren und sichtbar zu machen. Dabei ist zu bedenken, dass sich Weißsein in Weißer Kulturproduktion auch über Repräsentationen von Neutralität, Normalität und Normativität, Privilegien und Ungleichbehandlung, Sexualität und Gender artikulieren kann. Die Analyse der ausgewählten Filme wird diese Aspekte berücksichtigen.

2.2 Gender und Sexismus

Es gibt Hinweise darauf, dass die europäische Wissenschaft bis ins 18. Jahrhundert hinein davon ausging, es gäbe nur ein Geschlecht. Dieser These zufolge, die prominent von Thomas Lacqueur vertreten wird, galten Männer und Frauen als anatomisch grundsätzlich gleich bis auf

115 Ebd., S. 56.
116 Vgl. Wollrad (2005), S. 127.
117 Ebd., S. 127.
118 Frankenberg (1996), S. 56.
119 Ebd., S. 56.

den Unterschied, dass die Geschlechtsorgane beim Mann außen und bei der Frau innen lägen.[120] Es gab allerdings keine Vorstellung von biologisch determinierten Charaktereigenschaften, die Frau und Mann unterscheiden. Der Mann galt zwar als höherwertig und im Gegensatz zur Frau als vollkommen, doch der Unterschied zwischen ihnen sei als ein gradueller angenommen worden. Produktions- und Reproduktionsarbeit wurden vornehmlich unter einem Dach organisiert und die Stellung der Frau hing von ihrer gesellschaftlichen Position und ihrer Rolle im Haus ab. Erst im Zuge der europäischen Industrialisierung setzte sich die Trennung von außerhäuslicher Arbeit als Sphäre des Mannes und innerhäuslicher Arbeit als Sphäre der Frau durch. Die Vorstellung, Mann und Frau seien zwei biologisch fundamental verschiedene und einander komplementäre Geschlechter und besäßen die dazugehörigen natürlichen Charakterzüge, wurde im 18. Jahrhundert zum *common sense.*

Im Zuge der Aufklärung hatte sich ein neues Menschenbild entwickelt, das von einem autonomen, aktiven und freien Subjekt ausging – dieses wurde als Weiß, männlich und heterosexuell gedacht. Das Gegenbild oder Objekt dazu war die untergeordnete Frau, die als passiv und vom Mann abhängig imaginiert wurde. Diese binäre Geschlechteropposition durchlief im 19. Jahrhundert einen Prozess der Biologisierung, der die zugeschriebenen Eigenschaften und gesellschaftlichen Rollen an physische Merkmale zu koppeln versuchte. Dem Mann wurden (und werden) Stärke, Vernunft, Intelligenz und Härte zugeschrieben, er ist im Öffentlichen wie im Privaten das Oberhaupt und geht einer Lohnarbeit nach. Der Frau wurden Schwäche, Emotionalität, Empathie, Sanftheit und Schönheit zugeschrieben, sie regelt den Haushalt und die Kindererziehung und ist dem Mann untergeordnet.[121] Im Laufe

[120] Vgl. Thomas W. Laqueur: Making sex. Body and gender from the Greeks to Freud, Cambridge, Mass. 1990, S. 149. Das Ein-Geschlechter-Modell von Laqueur ist in seiner Radikalität kritisiert worden und es konnte aufgezeigt werden, dass es auch vor der Aufklärung schon plurale Vorstellungen von zwei Geschlechtern gab. Die für die vorliegende Arbeit relevante Grundthese, das monolithische Verständnis essenzieller biologischer Bipolarität von ›Mann‹ und ›Frau‹ sei eine Erfindung der Aufklärung, wurde jedoch weitgehend bestätigt. Vgl. Rüdiger Schnell: Sexualität und Emotionalität in der vormodernen Ehe, Köln 2002, S. 71f.

[121] Vgl. Thomas Eckes: Geschlechterstereotype: Von Rollen, Identitäten und Vorurteilen. In: Ruth Becker, Beate Kortendiek, Barbara Budrich, (Hg.): Handbuch Frauen- und Geschlechterforschung. Theorie, Methoden, Empirie, Wiesbaden 2008 (= Geschlecht & Gesellschaft), S. 171–182, hier S. 171.

der Jahrhunderte hat sich diese bipolare Vorstellung von Geschlecht in westlichen Gesellschaften durchgesetzt[122] und wurde mit einer Vielzahl an zugeschriebenen geschlechtsspezifischen Eigenschaften angereichert, so dass sie noch heute oftmals als ›natürlich‹ gilt. Die Annahme einer biologischen Geschlechterdifferenz hat indes zur Folge, dass Hierarchien und Machteffekte aus dem Blick geraten und damit ihre Wirkungen behalten.[123] Darüber hinaus kann die Biologie Unterschiede und Hierarchisierungen innerhalb einzelner Kategorien ›Männer‹ und ›Frauen‹ nicht plausibel erklären. Untergeordnete Männlichkeiten[124] wie homosexuelle oder Schwarze Männer oder nicht-normative Weiblichkeiten wie lesbische Frauen können dann nur als Normabweichung, nicht aber als widerständige Subjektpositionen gefasst werden.[125] Statt von einer klaren biologischen Unterscheidung der Menschen in zwei Geschlechter muss von einem Kontinuum der Unterschiede ausgegangen werden.[126] So stellen sich die starren Kategorien ›Mann‹ und ›Frau‹ selbst wieder als Konstruktionen heraus, denn sogar die Grenzen zwischen dem, was als männlicher und was als weiblicher Hormonspiegel gilt, sind eine Frage der Aushandlung im medizinischen Diskurs und intersexuelle Menschen kommen in diesem binären System überhaupt nicht vor.[127]

122 Die Vorstellung von Zweigeschlechtlichkeit wurde durch den europäischen Imperialismus freilich auch auf nicht-westliche Gesellschaften übertragen.

123 Vgl. Niklas Luhmann: Frauen, Männer und George Spencer Brown, in: Zeitschrift für Soziologie 17 (1988), S. 47–71.

124 Weitere Ausführungen zu spezifischen Männlichkeiten folgen in Kapitel 2.2.3.

125 Vgl. Ruth Seifert: Machtvolle Blicke: Genderkonstruktion und Film. In: Gitta Mühlen-Achs, Bernd Schorb (Hg.): Geschlecht und Medien, München 2003 (= Reihe Medienpädagogik), S. 39–56, S. 41.

126 Biologische Unterschiede müssten zwischen den beiden Gruppen größer sein als innerhalb der Gruppen und in diesem Sinne determinierend sein, d.h., alle Männer und alle Frauen müssten diese Eigenschaften besitzen, sei es ein gutes Raumwahrnehmungsvermögen oder ein bestimmtes Hormonverhältnis. Vgl. Stefan Hirschauer: Wie sind Frauen, wie sind Männer?: Zweigeschlechtlichkeit als Wissenssystem. In: Christiane Eifert (Hg.): Was sind Frauen? Was sind Männer?: Geschlechterkonstruktionen im historischen Wandel, Frankfurt am Main 1996 (= Gender studies), S. 240–256, hier S. 244.

127 Darüber hinaus stellt das Gender-Konzept die Biologie selbst infrage: »Geschlecht als sozialkulturelle Kategorie ernst zu nehmen, heißt vor allem, die sozialkulturelle Kategorie ›Biologie‹ zu begraben und auf den damit verbundenen Begriffsapparat zu verzichten,« denn die Biologie »ist selbst eine genuin soziale Kategorie mit einem genuin sozialen Sinnzusammenhang.« Gisela Bock: Geschichte, Frauengeschichte, Geschlechtergeschichte, in: Geschichte und Gesellschaft (1998), S. 364–391, hier S. 374ff.

Ein Schlüssel zum Umgang mit dem Themenkomplex ›Geschlecht‹ ist das Konzept ›Gender‹, das die Defizite eines biologischen Ansatzes aufdeckt und die soziale Dimension von Geschlecht untersucht. Dieser Ansatz entwickelte sich in der Frauenforschung der USA aus der Einsicht, dass das soziale Geschlecht (›Gender‹) keine essenzialistische Kategorie, sondern eine gesellschaftlich hergestellte Identität darstellt. Das Konzept ›Gender‹, welches auf poststrukturalistischen Diskurstheorien beruht, stellt Gender als eine Strukturkategorie moderner Gesellschaften dar, welche die Kategorien ›männlich‹ und ›weiblich‹ konstituiert. Die bekannteste Vertreterin der Gender-Theorie ist Judith Butler, die in ihrem Buch »Das Unbehagen der Geschlechter«[128] die radikal-konstruktivistische These vertritt, dass nicht nur das soziale, sondern auch das biologische Geschlecht eine gesellschaftliche Konstruktion sei. Die Fragen, die das Themenfeld Geschlecht umgeben, beziehen sich auf die Anzahl der existierenden Geschlechter, das Verhältnis von biologischem und sozialem Geschlecht sowie auf die Starrheit von Geschlechtsidentitäten und Sexualitäten.[129]

Im Folgenden wird das Konzept ›Gender‹ vorgestellt, welches Geschlecht als gesellschaftliche Strukturkategorie beschreibt und seine performativen und identitätsstiftenden Aspekte betont. Die zentralen theoretischen Bezugspunkte hierfür bilden Judith Butler und Paula-Irene Villa. Jeweils ein Kapitel zu den Konzepten ›Doing Gender‹ von Candace West und Don H. Zimmermann sowie zur ›Hegemonialen Männlichkeit‹ von Raewyn Connell ergänzen die Ausführungen zu diesem Themenkomplex.

2.2.1 Das Konzept ›Gender‹

Gender beinhaltet verschiedene soziale, kulturelle oder politische Komponenten, die wandelbar und historisch gewachsen sind. Gesellschaftliche Normen vermitteln eine Vorstellung davon, wie ein Mann oder eine Frau zu sein hat. Erziehung und Medien, aber auch politische Institutionen leisten einen Beitrag dazu, dass diese Norm aufrechterhalten wird und Normüberschreitungen sanktioniert werden. Gender

128 Butler (1991).

129 Der deutsche Begriff ›Geschlecht‹ bezeichnet sowohl biologisches als auch soziales Geschlecht und ist daher missverständlich. Stattdessen wird in dieser Arbeit der englische Begriff ›Gender‹ benutzt, da er die soziale Dimension von Geschlecht einbezieht. Ihm gegenüber steht der englische Begriff *sex* für das biologische Geschlecht.

hat reale Auswirkungen, die sich in vier Dimensionen aufteilen lassen, auf die auch die Europäische Kommission Bezug nimmt: Erstens Partizipation, zweitens Ressourcen (wie Geld, Mobilität, Zeit, Raum oder Information), drittens Rechte, Normen und Werte, und viertens Stereotype, Rollenzuweisungen, Bilder und Sprache[130]. Für die vorliegende Analyse ist vor allem die letzte Dimension relevant, da sie die Ebene der Repräsentation beinhaltet.

Gender ist eine Identitätskategorie des Geschlechts, die in der westlichen Welt binär gedacht wird. Es ist schwierig, sich außerhalb dieser Dichotomie zu positionieren, denn in der Regel wird eine eindeutige Identität mit einer der beiden Seiten gefordert.[131] Transgender Menschen sind ein Beispiel dafür, dass das biologische oder gesellschaftlich zugeschriebene und das soziale Geschlecht nicht immer übereinstimmen. Die Prämisse für diese (de-)konstruktivistische Position ist, dass es keinen unvermittelten Zugriff auf eine ursprüngliche Natur gibt, denn unsere Realität ist immer bereits vermittelt. Die Funktion von Geschlechtsidentitäten ist dreifach: Sie dienen der Herstellung von Identifikation, sie schaffen Strukturen der gesellschaftlichen Reproduktion und generieren auf der Repräsentationsebene eine symbolische Ordnung.[132] Sie tragen nicht zuletzt zu einer Verhaltenssicherheit bei.

Wenn diese Identitäten nicht biologisch gegeben sind, müssen sie diskursiv produziert werden. Alles das, was in einer Gesellschaft in Bezug auf Gender verhandelt wird, dient der diskursiven Herstellung der Bedeutung von Gender. Literatur oder Film sind Teil dieses gesellschaftlichen Aushandlungsprozesses, sie bieten Möglichkeiten der Identifikation und zeigen Möglichkeiten und Grenzen des Sag- und Darstellbaren auf. Selbst das Wissen ist in dieser Perspektive weniger die rein kognitive Erfassung der Wirklichkeit, als vielmehr das Ergebnis einer gesellschaftlichen Wissensproduktion, die eng mit Machtverhält-

130 Europäische Kommission: A Guide to Gender Impact Assessment, Luxemburg 1998.

131 Vgl. Paula-Irene Villa: (De)Konstruktion und Diskurs-Genealogie: Zur Position und Rezeption von Judith Butler. In: Ruth Becker, Beate Kortendiek, Barbara Budrich (Hg.): Handbuch Frauen- und Geschlechterforschung. Theorie, Methoden, Empirie, Wiesbaden 2010 (= Geschlecht & Gesellschaft), S. 146–158, hier S. 152.

132 Vgl. Nina Degele, Gabriele Winker: Praxeologisch differenzieren.: Ein Beitrag zur intersektionalen Gesellschaftsanalyse. In: Cornelia Klinger, Gudrun-Axeli Knapp (Hg.): Über-Kreuzungen. Fremdheit, Ungleichheit, Differenz, Münster 2008 (= Forum Frauen- und Geschlechterforschung), S. 194–209, hier S. 198–200.

nissen verknüpft ist. Dabei wird die Macht im poststrukturalistischen Denken nicht repressiv, sondern produktiv gedacht: im Zusammenspiel von Wissen, Macht und Diskurs werden gesellschaftliche Themenkomplexe wie Gender verhandelt und mit Bedeutung versehen.

Der dekonstruktivistische Ansatz bedeutet auch einen spezifischen Blick auf das Subjekt, dass nicht mehr essentialistisch zu verstehen ist, sondern selbst als diskursives und damit veränderbares Produkt erscheint. Damit muss auch der Glaube an ahistorische Gewissheiten über das Subjekt aufgegeben werden, denn es gibt keine ›Natur des Mannes‹ oder ›Natur der Frau‹ mehr, vielmehr sind ›Mann‹ und ›Frau‹ diskursive Entitäten, deren Bedeutung in gesellschaftlichen Aushandlungsprozessen hergestellt wird.[133]

Verstehen wir Gender als strukturgebenden Mechanismus, wird die Tragweite dieser Analysekategorie deutlich. Gender ist nicht nur identitätsstiftend, sondern entfaltet sich in vielschichtigen Erscheinungsformen wie sozialer Struktur, Arbeitsteilung, Lebensführung und sozialen Beziehungen. »Geschlecht grundiert Existenzweisen, es prägt sich in die Arten und Weisen des gesellschaftlichen Daseins sowie der Welt- und Selbsterfahrung bis hin zu leiblichen Empfindungen und körperlichen Verfasstheiten ein.«[134] In diesem Sinne lässt sich auch von einer Vergeschlechtlichung der Realität sprechen. Die diskriminierende Ebene von Gender wird mit dem Begriff Sexismus bezeichnet, der ebenfalls nur in Verbindung mit Machtverhältnissen funktioniert. Sexismus ist die Verknüpfung von Macht und Vorurteil und benachteiligt Frauen gegenüber Männern.[135]

133 Die Auflösung des Subjekts hat gerade in den Frauenbewegungen zu Einsprüchen geführt. Wenn es die Frau an sich nicht mehr gibt, sondern die Identität Frau immer Ergebnis diskursiver Prozesse ist, dann löst sich auch das weibliche Subjekt auf. Damit fällt jedoch der zentrale Referenzpunkt feministischer Kritik weg, die die Dominanz des Mannes aufzeigen und angreifen will. »Das feministische Subjekt erweist sich als genau durch dasjenige politische System diskursiv konstituiert, das seine Emanzipation ermöglichen soll.« Butler (1991), S. 3.

134 Angelika Pofert: ›Gender‹ und die Soziologie des Kosmopolitisierung. In: Heike Kahlert, Christine Weinbach (Hg.): Zeitgenössische Gesellschaftstheorien und Genderforschung. Einladung zum Dialog, Wiesbaden 2012 (= Gesellschaftstheorien und Gender), S. 125–148, hier S. 136.

135 Die Verwendung der Begriffe ›Männer‹ und ›Frauen‹ stellt immer eine Verkürzung der Realität dar, in der es viele andere Genderidentitäten gibt.

2.2.2 Doing Gender

Das Konzept *Doing Gender* geht vor allem auf Candace West und Don H. Zimmermann zurück und bezeichnet die alltägliche, kontinuierliche und performative Herstellung von Gender.[136] »Doing gender means creating differences between girls and boys and women and men, differences that are not natural, essential, or biological.«[137] Auch Judith Butler legt mit ihrem Konzept der Performativität von Gender ihr Augenmerk auf diesen Aspekt[138]. *Doing Gender* verlagert den Fokus auf Interaktionen und Praktiken, mit denen Genderidentitäten permanent (re-)produziert werden und die Ordnung der Zweigeschlechtlichkeit etabliert wird. Gender ist in diesem Sinne nicht einfach da, sondern etwas, was wir selbst *tun*, sowohl durch unsere individuellen Handlungen und Interaktionen mit anderen Menschen als auch durch normierende Praktiken wie Ehe und Familie: »it is individuals who ›do‹ gender«[139]. Das Subjekt wird, um eine konstante Genderidentität zu besitzen, diese immer wieder sich selbst und der Außenwelt durch Darstellung dieser Identität bestätigen. Dadurch, dass wir jeden Tag eine ›Frau‹ darstellen, durch Auftreten, Aussehen, Denken und Fühlen, werden wir zur Frau, fühlen uns selbst als Frau und werden als Frau gelesen. Es ist die Gender-Performance, die unsere persönliche Genderidentität herstellt.[140]

Performative Akte finden in einem diskursiven Rahmen statt, der ihnen Bedeutung verleiht. Gesellschaftliche Strukturen wirken auf uns und unsere Genderperformanz ein, aber wir bringen sie gleichzeitig durch unsere Handlungen hervor und stabilisieren sie. Wir erwerben unsere Genderidentität, indem wir an vorhandenen Genderentwürfen anknüpfen, diese kopieren, zitieren, imitieren und ständig wiederholen. Gesellschaftliche Normen schreiben sich durch diesen Vorgang in Körper, Psyche und das soziale Verhalten ein und werden ablesbar. Dies

136 Candace West, Don H. Zimmerman: Doing gender, in: Gender and Society 1 (1987), S. 125–151.

137 Ebd., S. 137.

138 Butler (1991).

139 West, Zimmerman (1987), S. 126.

140 Kritik am Konzept des Doing Gender ist dahingehend geäußert worden, dass die Kategorie Gender nicht omnirelevant ist, sondern die Genderdifferenz je nach Kontext auch eine untergeordnete Rolle spielen kann. Ein wichtiger Hinweis im Kontext der vorliegenden Arbeit ist dabei vor allem, dass die Kategorie Gender nie allein wirkt, sondern immer in Wechselwirkung mit anderen Ordnungskategorien wie *Rasse*, Klasse, Alter oder Bildungsgrad.

impliziert eine Prozesshaftigkeit der Identitätsbildung, die immer im Werden bleibt und nie abgeschlossen ist.

> »*Als sich ständig verschiebendes* (shifting) *und kontextuelles Phänomen bezeichnet die Geschlechtsidentität nicht ein substantiell Seiendes, sondern einen Schnittpunkt zwischen kulturell und geschichtlich spezifischen Relationen*«[141].

Nicht nur Gender, sondern auch Körper und Sexualität sind in diesem Rahmen als Konstruktionen zu verstehen.[142] Die performative Herstellung von Gender beinhaltet dabei immer auch die Möglichkeit, gebrochen, verändert, verschoben, parodiert und subversiv angeeignet zu werden und ist damit ein Ansatzpunkt für Veränderungen und Widerstand gegen die Norm. Durch die permanente Wiederholung von Zuschreibungen und Codes innerhalb eines begrenzten Bedeutungsfeldes wird jedoch der Anschein einer verhältnismäßig starren Kategorie mit stabilen Eigenschaften erweckt.[143] »Die Geschlechtsidentität erweist sich somit als Konstruktion, die regelmäßig ihre Genese verschleiert«[144].

Der Begriff ›Genderpraxis‹ umfasst die Praktiken, mit denen Gender konfiguriert wird, und betont eine prozesshafte, dynamische Sicht auf Gender. Mit dieser Perspektive lassen sich Männlichkeit und Weiblichkeit nach Connell als Gender*projekte* beschreiben, »als Prozesse der konfigurierenden Praxis in der Zeit, die ihren Ausgangspunkt in den Geschlechterstrukturen transformieren«[145].

Kulturelle Produktionen sind dabei zweifach mit der Herstellung von Gender verzahnt. Die meisten Figuren in Filmen lassen sich eindeutig einem der beiden normativen Genderidentitäten zuordnen, da

141 Butler (1991), S. 29.

142 Die Herstellung von Genderidentität entlang sozialer Normierungen ist mit dem Gebot der Heteronormativität eng verzahnt. Die Einteilung in zwei binäre Gender impliziert bereits eine Struktur heterosexuellen Begehrens, andersherum setzt ein heterosexuelles Arrangement von Begehren die Zweigeschlechtlichkeit voraus. Es ergibt sich eine doppelte Binarität, die der Genderidentitäten und die der Begehrensmuster. Für Judith Butler ist Heterosexualität eine Illusion, die nur als angestrebte Norm existiert und die die Pathologisierung und Diskriminierung anderer Sexualitäten mit sich bringt. Vgl. Paula-Irene Villa: Judith Butler, Frankfurt am Main 2003, S. 63.

143 Vgl. Butler (1991), S. 60.

144 Ebd., S. 205.

145 Raewyn Connell: Der gemachte Mann. Konstruktion und Krise von Männlichkeiten, Wiesbaden 1999, S. 92.

sowohl die Konzeption der Rolle und die Art des Schauspiels als auch Kleidung, Frisur, das Setting, in dem die Figuren gezeigt werden, und ebenso wird das, was sie sagen und wie sie es sagen, wie auch Belichtung und Kameraperspektive als Gender-Marker eingesetzt werden. »Die Geschlechtszugehörigkeit wird im Normalfall weder erfragt noch mitgeteilt, sondern dargestellt.«[146] Hinzu kommt, dass visuelle Darstellungen von ›Männern‹ oder ›Frauen‹ auch immer ein Angebot oder eine Orientierung für das Publikum bieten, wie sie ihre eigene Genderidentität praktizieren könnten.

2.2.3 Hegemoniale Männlichkeit

Die zwei diametral gegenüberstehenden Gender bezeichnen wie in den vorherigen Kapiteln herausgearbeitet zwei Positionen im Genderverhältnis, die mit unterschiedlichen Wertungen und Handlungsmöglichkeiten verknüpft sind. Gender ist in diesem Sinne eine Strukturkategorie, die gesellschaftliche Ordnung und Hierarchien herstellt. Beide Seiten ergeben nur Sinn, wenn die jeweils andere mitgedacht wird. Aussagen darüber, was männlich sei, implizieren auch das, was in Abgrenzung dazu weiblich sei. Die etablierte Vorstellung der Überlegenheit des Mannes gegenüber der Frau und einer männlichen Norm wird als Patriarchat bezeichnet. Patriarchale Ordnungen drücken sich sowohl in gesellschaftlichen Strukturen aus, in denen Männer statistisch mehr Gehalt für die gleiche Arbeit bekommen, als auch in konventionellen Familienstrukturen mit einem männlichen Oberhaupt. Gender ist nicht nur Ordnungskategorie, sondern zugleich auch eine Analysekategorie, mithilfe derer wir gesellschaftliche Realitäten und Diskurse untersuchen und verstehen können. Die Analyse ermöglicht, verschiedene Dimensionen von Gender sichtbar zu machen, wie Repräsentation, Lebensbedingungen, Ressourcen, Normen und Werte.

Das System von Männlichkeit und Weiblichkeit wird von Differenzen, Abstufungen und Widersprüchen begleitet. Dieses komplexe Feld beinhaltet ein breites Spektrum an unterschiedlich positionierten männlichen und weiblichen Identitäten. Das Konzept der hege-

[146] Stefan Hirschauer: Praktiken und ihre Körper. Über materielle Partizipanden des Tuns. In: Karl H. Hörning, Julia Reuter (Hg.): Doing Culture. Neue Positionen zum Verhältnis von Kultur und sozialer Praxis, Bielefeld 2004 (= Sozialtheorie), S. 73–91, hier S. 77.

monialen Männlichkeit von Raewyn Connell ermöglicht es, diese Spektren zu erfassen und zu differenzieren.[147] Connell geht davon aus, dass Männlichkeit eine »Position im Geschlechterverhältnis«[148] ist. Mithilfe dieses Konzepts lassen sich

> *»die Praktiken, durch die Männer und Frauen diese Position einnehmen, und die Auswirkungen dieser Praktiken auf die körperliche Erfahrung, auf Persönlichkeit und Kultur«*[149]

in den Blick nehmen. Das Verhältnis von Männlichkeit zu Weiblichkeit ist von Dominanz und Unterordnung bestimmt als »Hauptachse männlicher Macht«[150]. Die Nebenachse bezieht sich auf andere Männlichkeiten, von denen nur eine Form zu einem historisch spezifischen Zeitpunkt hegemonial ist. Diese hegemoniale Männlichkeit, die in modernen westlichen Gesellschaften von einem Weißen, heterosexuellen, mittelschichtsangehörigen Mann ausgeht, bezeichnet die Hegemonie gegenüber Frauen und gegenüber drei anderen, nicht-hegemonialen Männlichkeiten: der untergeordneten, der komplizenhaften und der marginalisierten Männlichkeit[151]. Die untergeordnete Männlichkeit bezieht sich auf männliche Identitäten, die diskriminiert werden, dazu gehören beispielsweise homosexuelle Männer. Unter komplizenhafter Männlichkeiten werden die Männer gefasst, die zwar den normativen Ansprüchen nicht gerecht werden, von der patriarchalen Struktur aber dennoch profitieren. Und marginalisierte Männlichkeiten bezieht sich unter anderem auf Schwarze Männer und Männer aus der Arbeiterklasse.[152] Diese Männlichkeiten stehen in Connells Modell näher am Weiblichen und sind unterprivilegiert, genießen aber dennoch den Machtvorteil, der mit Männlichkeit verbunden ist. In jeder patriarchal strukturierten Gesellschaft gibt es eine Form von Männlichkeit, die hegemonial ist, welche also

147 Das Konzept ›Hegemonie‹ geht auf Antonio Gramsci zurück und bezeichnet einen Herrschaftstyp, der nicht allein auf Zwang oder Gewalt, sondern ebenso auf der Fähigkeit basiert, Interessen mittels einer Kombination aus Konsens und Zwang als gesellschaftliche Allgemeininteressen zu definieren und durchzusetzen. Vgl. Ulrich Brand: Gegen-Hegemonie. Perspektiven globalisierungskritischer Strategien, Hamburg 2005, S. 9.

148 Connell (1999), S. 91.

149 Ebd., S. 91.

150 Ebd., S. 94.

151 Ebd., 100ff.

152 Ebd., 98ff.

»die momentan akzeptierte Antwort auf das Legitimitätsproblem des Patriarchats verkörpert und die Dominanz der Männer sowie die Unterordnung der Frauen gewährleistet«[153].

Damit diese Hegemonie entstehen kann, muss es eine Entsprechung zwischen dem Ideal und der institutionellen Macht geben, auch wenn diese nicht deckungsgleich sind. Männer, die der hegemonialen Männlichkeit entsprechen, werden durch verschiedene gesellschaftliche Strukturen und Institutionen bevorteilt. Neben allgemeinen Privilegien wie dem Zugang zu gesellschaftlichen Ressourcen, der politischen Repräsentation und der Anerkennung der eigenen Kompetenz geschieht dies auch durch gesetzliche und formale Regelungen.[154]

153 Ebd., S. 98.

154 Die Ehe ist beispielsweise eine solche Institution, die nur heterosexuellen Männern (und Frauen) offensteht. Ehen gehen häufig mit einem Kleinfamilienmodell einher und die Ehe nach deutschem Recht steht nur Paaren offen, von denen mindestens eine Person einen deutschen Pass besitzt. Steuererleichterungen, Erbschaftsvorteile, Altersversorgung und andere finanzielle Hilfen bewirken eine deutliche Besserstellung von verheirateten Menschen gegenüber anderen, die eine andere Lebensform praktizieren möchten oder aus rechtlichen Gründen praktizieren müssen. Durch diese finanziellen Anreize und Absicherungen wird das Kleinfamilienmodell mit einem heterosexuellen Mann als Familienoberhaupt und Hauptverdiener erhalten und gefördert. Nichtverheiratete Paare, Lebenspartnerschaften und Alleinerziehende werden im Namen der Ehe diskriminiert, benachteiligt und stigmatisiert. Vgl. Iris Marion Young: Gedanken über Familie im Zeitalter von Murphy Brown: Über Gerechtigkeit, Geschlecht und Sexualiät. In: Axel Honneth, Beate Rössler (Hg.): Von Person zu Person. Zur Moralität persönlicher Beziehungen, Frankfurt am Main 2008, S. 313–342, hier S. 327–329.

3. Repräsentationsregime

In diesem Kapitel möchte ich das Verhältnis von Repräsentation und Differenz beschreiben und stütze mich dabei auf Stuart Halls Konzept der ›Repräsentationsregime‹. Dafür wird unter anderem Halls Verständnis von Ideologie, Hegemonie, Repräsentation und Macht erläutert. Hall legt sein Augenmerk auf den Komplex rassifizierter Differenz, doch es eignet sich ebenso für eine Beschreibung dessen, wie vergeschlechtlichte Differenz repräsentational hergestellt wird. Da es sich bei *Rasse* und Gender um konstruierte Kategorien handelt, spielen nach Hall die Bilder und die Symboliken von *Rasse* und Gender eine zentrale Rolle.

Repräsentation produziert Bedeutung, bietet Identifikationsangebote und ist gesellschaftlich umkämpft. Die Bedeutung von Bildern ist dabei ambivalent und durch den Kontext bestimmt. Unter dem Begriff ›Repräsentationsregime‹ versteht Stuart Hall also die Gesamtheit von visuellen Bildern und Effekten, durch die in einem spezifischen Kontext Differenz repräsentiert wird.[155]

> *»Jedes Bild trägt zwar durchaus seine eigene spezifische Bedeutung. Analysiert man aber die Formen, in denen Differenz und ›Andersheit‹ in einem historischen Moment in einer bestimmten Kultur repräsentiert werden, wird deutlich, dass sich ähnlich Repräsentationspraktiken und -figuren, wenn auch mit Variationen, von einem Text oder Element der Repräsentation zum anderen wiederholen.«*[156]

Diese Regelmäßigkeiten deuten auf Ordnungssysteme auf der Ebene der Repräsentation hin. Diese Repräsentationsregime beinhalten Normen und Praktiken, sie produzieren und regieren Differenz. Damit sind sie Teil und Ausdruck von kultureller Dominanz und rassistischer Exklusion.

Die Begriffe ›Ideologie‹ und ›Diskurs‹ sind in Halls Werk zentral und können als weitgehend synonym verstanden werden.[157] Ideologien defi-

[155] Vgl. Hall (2004a), S. 115.

[156] Ebd., S. 115.

[157] Er selbst schreibt in *Der Westen und der Rest*: »Ein Diskurs ähnelt dem, was die Soziologen eine ›Ideologie‹ nennen.« Hall (2004b), S. 151.

niert er als Bilder, Konzepte und Prämissen, »durch die wir bestimmte Aspekte des gesellschaftlichen Lebens darstellen, interpretieren, verstehen und ihnen einen Sinn geben.«[158]

Ein Diskurs ist für Hall in Anlehnung an Foucault

> *»eine Gruppe von Aussagen, die eine Sprechweise zur Verfügung stellen, um über etwas zusprechen – z. B. eine Art der Repräsentation –, eine besondere Art von Wissen über einen Gegenstand.* [...] *Diskurs bezieht sich auf die Produktion von Wissen durch Sprache. Er selbst aber wird durch eine Praxis produziert: Diskursive Praxis – die Praxis der Bedeutungsproduktion. Da alle sozialen Praktiken bedeutungsvoll sind, haben sie auch einen diskursiven Aspekt.* [...] *Nach Foucault wäre der Diskurs des Westens über den Rest tief mit der Praxis verstrickt, mit der Art, wie sich der Westen gegenüber dem Rest verhielt.«*[159]

Drei Aspekte hebt Hall besonders hervor: Erstens bestünden Diskurse nicht aus einzelnen, voneinander isolierten Begriffen, sondern seien als System zu verstehen, innerhalb dessen verschiedene Elemente zu einem bestimmten Bedeutungssystem angeordnet sind. Zweitens seien Diskurse vor-individuell, das heißt, ideologische oder diskursive Statements würden zwar von Individuen geäußert, seien aber nicht Ergebnis individueller Denkprozesse, sondern Teil der gesellschaftlichen Verhältnisse, innerhalb derer Individuen sprechen können. Die Entwicklung und Veränderung von Diskursen sei daher eine kollektive Praxis. Ideologien / Diskurse sind dann am wirkmächtigsten,

> *»wenn uns nicht bewußt ist, daß der Art, wie wir eine Aussage formulieren und zusammenbauen, ideologische Prämissen zugrunde liegen, und wenn es so aussieht, als seien unsere Formulierungen nur schlichte Beschreibungen dessen, wie die Dinge sind. ›Kleine Jungen spielen gerne rauhe Spiele, kleine Mädchen aber sind süß und niedlich‹ basiert auf einem ganzen Satz ideologischer Prämissen«*[160].

Drittens stellen nach Hall Diskurse Positionen her, mit denen sich die Subjekte identifizieren können oder die ihnen als Wissenspositionen

[158] Stuart Hall: Ideologie, Kultur, Medien, Neue Rechte, Rassismus, Hamburg 1989b, S. 151.
[159] Hall (2004b), S. 150.
[160] Hall (1989b), S. 152.

dienen, von denen aus sie ideologische Wahrheiten als echte Wahrheiten äußern können.[161] Hegemoniale ideologische Annahmen erscheinen dann nicht mehr als ideologisch, sondern als *common sense*, aufgrund dessen wir vermeintlich rationale Meinungen bilden können. Das, was uns als subjektiv erscheint, ist mit Hall also immer auch Ergebnis von Ideologie bzw. Diskurs. Damit hat der Diskurs selbst einen wesentlichen Anteil an der Herstellung des Subjekts durch diskursive Praktiken.

In diesem Sinne gehören sämtliche Praktiken zu den Auseinandersetzungen und Kämpfen um die Gestaltung und Auslegung von Geschichte. Ideologien / Diskurse werden in spezifischen Settings entwickelt, produziert und reproduziert wie zum Beispiel in den Apparaten der Ideologieproduktion wie den Medien. Zwar werden Ideologien an vielen gesellschaftlichen Orten produziert, die Medien jedoch sind nicht nur ein Ort »der Produktion, Reproduktion und Transformation von Ideologien«[162], sondern auch ein Mittel der Ideologieproduktion, sie sind quasi »*ideologische* Produktionsmittel«[163]. Ihre Produkte sind Repräsentationen der Gesellschaft wie Bilder, Erklärungsmuster, Rahmen und Beschreibungen der Welt. Medien repräsentieren die Welt und ihre Subjekte und damit stets auch *Rasse* und Gender. Die Medien analysieren und interpretieren die Welt im Rahmen von Kategorien wie *Rasse*, weshalb *Rasse* für Hall auch ein Produkt der Medien ist.[164] Analoges lässt sich über Gender sagen, das ebenfalls medial (re-)produziert wird.

Diese diskursiven Praktiken beinhalten auch kulturelle Produktionen oder Rezeptionen, die immer in einem historisch spezifischen Kontext stattfinden. Die Frage, wie etwas repräsentiert wird, lässt Rückschlüsse auf den ideologischen / diskursiven Rahmen und die hegemonialen Verhältnisse zu, welche die sozialen Realitäten strukturieren. Daher ermöglicht die Analyse kultureller Medien Aussagen über die gesellschaftlichen Verhältnisse.

> *»Die Wirkungsweise von Ideologien besteht also in der* [...] *Transformation von Diskursen (der Desartikulation und Reartikulation ideologischer Elemente) und der Transformation (dem Auseinandernehmen und Neuzusammensetzen) der handelnden Subjekte. Es spielt eine Rolle, wie wir uns selbst und unsere sozialen Beziehungen ›sehen‹, weil das in unsere Handlungen und Praxen ein-*

161 Ebd., S. 152.
162 Ebd., S. 155.
163 Ebd., S. 155.
164 Ebd., S. 155.

fließt, sie durchdringt. Deshalb sind Ideologien der Ort eines bestimmten Typs gesellschaftlichen Kampfes.«[165]

Diesen sozialen Kampf, in dem um Hegemonie gerungen wird, führen alle gesellschaftlichen Akteur_innen, also neben staatlichen Institutionen auch die Medien, die Wissenschaft oder zivilgesellschaftliche Akteure. Das bedeutet, dass auch die vorliegende Arbeit einen Teil des Kampfes um Ideologie darstellt und innerhalb eines ideologischen Settings entsteht.

Hall nennt vier Ansätze, die erklären, warum Differenz eine so wichtige Rolle spielt. In der Linguistik ist Differenz essenziell für Bedeutung, denn Bedeutung ist relativ. Es werden binäre Gegensätze hergestellt so wie Schwarz und Weiß, männlich und weiblich. Jacques Derrida hat darauf hingewiesen, dass in der Regel ein Pol des Gegensatzpaares dominant ist, zwischen beiden also eine Machtbeziehung besteht. Nach der Sprachtheorie wird Differenz gebraucht, da Bedeutung nur im Dialog mit dem ›Anderen‹ hergestellt werden kann. Worte sind dementsprechend nicht neutral, sondern ihre Bedeutung entsteht erst im Wechselspiel von Hören und Sprechen, also durch Differenz der Teilnehmenden an einem Gespräch. Im anthropologischen Ansatz basiert Kultur auf der Kennzeichnung von Differenz von Dingen. Dinge bekommen unterschiedliche Positionen innerhalb eines klassifikatorischen Systems zugewiesen. Die psychoanalytische Erklärung geht davon aus, dass ›das Andere‹ die Basis für die Konstitution des Selbst ist, für uns als Subjekte und für unsere sexuelle Identität.

Generell gilt, dass Differenz sowohl positiv als auch negativ belegt sein kann. Sie ist notwendig für die Bedeutungsproduktion, für Sprache, Kultur und Identität, aber gleichzeitig ist sie auch »bedrohlich, eine Quelle von Gefahr, von negativen Gefühlen, Spaltungen, Feindseligkeiten und Aggressionen gegenüber ›dem Anderen‹«[166].

Unter Bezugnahme auf Richard Dyer, Toni Morrison und bell hooks wird im Folgenden das Verhältnis von Weißsein und Repräsentation diskutiert. Das Verhältnis von Gender und Repräsentation wird im Anschluss dargestellt und mit den Beiträgen von Paula-Irene Villa, Laura Mulvey und Teresa de Lauretis fundiert. Schließlich wird mit Bezügen auf Stuart Hall, Richard Dyer und bell hooks erörtert, welche Rolle Stereotypen und *Othering* für die Repräsentation von Differenz spielen.

165 Ebd., S. 152. Auch hier setzt Hall Diskurse mit ideologischen Elementen gleich.

166 Hall (2004a), S. 122.

3.1 Weißsein, Gender und Repräsentation

3.1.1 Weißsein und Repräsentation

Häufig scheint es leichter, die Konstruktionen des ›Anderen‹, der als different markiert ist, zu beschreiben als die Konstruktionen von Weißsein zu analysieren. Da Weißsein als selbstverständliche Norm erscheint, ist es insbesondere für Weiße schwierig, ihre Repräsentationen zu benennen. Weißsein ist schwer zu erkennen, da es für nichts Besonderes zu stehen scheint. Mitunter, so der Filmwissenschaftler Richard Dyer, wird Weißsein sogar als Leere oder Abwesenheit inszeniert. Während Schwarzsein immer für etwas Spezielles steht, steht Weißsein für nichts, denn:

> »[...] *white is not anything really, not an identity, not a particularizing quality, because it is everything – white is no colour because it is all colours. This property of whiteness, to be everything and nothing, is the source of its representational power.*«[167]

Dabei sind Weiße auf repräsentationaler Ebene omnipräsent, sie haben die wichtigen Rollen in Kulturprodukten und sie treten als Männer, Frauen, Mittelschicht oder mit Behinderung auf – aber nie nur als Weiße. Weiße treten einfach als Menschen auf, was auch suggeriert, alle anderen seien nicht einfach nur Menschen, sondern womöglich etwas anderes.[168] Weiße erscheinen als individuell und unendlich divers und sich verändernd.[169] Sie sind nicht einfach ein Symbol oder ein Stereotyp für einen Weißen oder eine Weiße, sondern sie sind komplexe Charaktere, von denen es viele verschiedene gibt. Schwarze dagegen bräuchten in einem deutschen Film keine weiteren Rollenattribute, sie können nur als Schwarze auftreten.

Weißsein wird über Sprache und Bilder, aber auch durch Techniken wie Beleuchtung und Kameraführung mit Moderne, Vernunft, Ordnung und Stabilität konnotiert. Schwarzsein fungiert als Kontrastfolie und wird durch Chaos, Unvernunft und Gewalt dargestellt.[170] Das Schwarze Subjekt in der Repräsentation ist oft stereotyp, erlebt keine

167 Richard Dyer: White. In: ders.: The matter of images. Essays on representations, London, London 1993, S. 141–163, hier S. 142.

168 Vgl. Dyer (2000), S. 540.

169 Vgl. Dyer (1993), S. 145.

170 Vgl. Dyer (1997), S. 146.

Entwicklung und hat kein Innenleben. Der Weiße Mensch hingegen ist paradox, denn er ist gleichzeitig ein individuelles wie ein universelles Subjekt, er ist eine eigene *Rasse* ebenso wie die menschliche *Rasse* an sich oder in ihrer reinsten Form. Diese Paradoxa bedeuten auch eine gewisse Instabilität, die wiederum die Flexibilität und Produktivität von Weißsein bewirkt – und damit auch seine repräsentationale Macht.

Das nicht-Weiße Subjekt hat oft lediglich eine Funktion in Bezug auf das Weiße Subjekt.

> *»Von höchstem Interesse ist, was der Afrikanismus für die literarische Imagination wurde und wie er darin funktionierte, denn es könnte möglich sein, durch genaues Betrachten des literarischen ›Schwarzseins‹ die Natur – wenn nicht gar die Ursache – des literarischen ›Weißseins‹ zu entdecken. Wozu dient es? Welche Rolle spielen die Erfindung und die Entwicklung des Weißseins bei der Konstruktion dessen, was so unscharf als ›amerikanisch‹ bezeichnet wird?«*[171]

Die Literaturwissenschaftlerin Toni Morrison hat in ihrer Analyse US-amerikanischer Literatur herausgearbeitet, dass Schwarze Figuren in den Werken Weißer Schriftsteller_innen manchmal in allegorischer oder metaphorischer Weise eingesetzt werden, um über das Weiße Subjekt zu sprechen. Themen wie Macht, Freiheit und Sexualität werden in Bezug auf Schwarze Menschen thematisiert[172] oder mit der Unterdrückung von Schwarzen kontrastiert[173]. Morrison beobachtet, dass »Schwarze in literarischen Werken, die sie nicht selbst geschrieben haben, kritische Momente der Entdeckung und des Wandels oder der Emphase auslösen können«[174]. Schwarze Figuren wandeln sich nicht, doch in der Weißen Imagination dienen sie dazu, bei Weißen Wandel auszulösen.[175] Der Kontakt mit dem ›Anderen‹ funktioniert insofern als »Ritual der Transzendierung«[176].

Rasse und Gender verbinden sich auf der Ebene der Repräsentation

171 Toni Morrison: Im Dunkeln spielen. Weiße Kultur und literarische Imagination; Essays, Reinbek bei Hamburg 1995, S. 30.

172 Ebd., S. 50.

173 Vgl. Katharina Walgenbach: Weiße Identität und Geschlecht. In: Karl-Siegbert Rehberg (Hg.): Soziale Ungleichheit, kulturelle Unterschiede, Frankfurt [Main], New York 2006 (= Verhandlungen des ... Kongresses der Deutschen Gesellschaft für Soziologie), S. 1705–1717, hier S. 1706.

174 Morrison (1995), S. 10.

175 Vgl. hooks (1994), S. 36.

176 Ebd., S. 36.

zu spezifischen Repräsentationspraktiken. Der Weiße Frauenkörper ist besonders symbolträchtig, an ihm materialisieren sich Fragen der Sittlichkeit, Hygiene und Sexualmoral.[177] Schwarzen Frauen würde Primitivität und Zügellosigkeit zugeschrieben und Weiße Frauen wurden zu Retterinnen und Trägerinnen oder auch Verräterinnen der deutschen Kultur und *Rasse*[178]. Weiße Weiblichkeit wird auch in Filmen mit Reinheit, Unschuld oder Makellosigkeit belegt. Weiße Männlichkeit wird mitunter als Reifungsprozess dargestellt, in dem der Weiße Protagonist seine Fähigkeit als Führungsperson dadurch unter Beweis stellt, dass er über Schwarze zu herrschen vermag[179]. Assoziationen, mit denen Weißsein in der westlichen Kulturproduktion verbunden werden, sind in der Regel positiv: rein, intelligent, moralisch integer, zivilisiert. Diese Selbstbeschreibungen des Weißen Kollektivs entsprechen nicht denjenigen aus Schwarzer Perspektive. In der kollektiven Erinnerung der Schwarzen Community ist Weißsein dagegen mit dem Terror verbunden, den jahrhundertelanger Kolonialismus, Sklaverei und Vergewaltigung für Schwarze Menschen bedeutet, der sich tief ins kollektive Gedächtnis eingeschrieben hat.[180]

3.1.2 Gender und Repräsentation

Genderdifferenz wird im Alltag performativ über kulturelle Ressourcen von »Stimmen, Mimik, Frisuren, Kleidung, Wortwahl, Gesten, Räume, Raumnutzung, Begleiter/innen, Gegenstände«[181] hergestellt. Nicht nur äußere Merkmale oder Verhaltensweisen, sondern auch Orte können also Differenz markieren. Relevant ist allerdings nicht nur die Produktion von Gender, sondern auch seine Rezeption. Die alltägliche Inszenierung von Gender funktioniert nur, wenn sie von anderen Menschen wahrgenommen und mit Bedeutung versehen wird:

177 Vgl. Anette Dietrich: Weiße Weiblichkeiten. Konstruktionen von »Rasse« und Geschlecht im deutschen Kolonialismus, Bielefeld 2007, S. 379.

178 Vgl. Anette Dietrich: Konstruktionen Weißer Weiblichkeit: Emanzipationsdiskurse im Kontext des Kolonialismus. In: Marianne Bechhaus-Gerst (Hg.): Koloniale und postkoloniale Konstruktionen von Afrika und Menschen afrikanischer Herkunft in der deutschen Alltagskultur, Frankfurt am Main, New York 2006 (= Afrika und Europa: Koloniale und postkoloniale Begegnungen), S. 33–44, hier S. 39.

179 Vgl. Morrison (1995), S. 67ff.

180 Vgl. hooks (1994), S. 210.

181 Villa (2011), S. 113.

»Sozial relevant ist das, was intersubjektiv gesehen wird. Das Soziale ist bildförmig, Individuen sehen die Codes, mit denen sie die Welt ordnen und mit deren Hilfe sie Sinn in die Welt bringen«[182].

Sehen ist in diesem Sinne immer zugleich ein Interpretieren. Laura Mulvey hat mit einer psychoanalytischen Herangehensweise das Verhältnis von Sehen und Film in ihrem einflussreichen Essay »Visual Pleasure and Narrative Cinema«[183] analysiert. Sehen meint hier den Blick und die dazugehörigen Positionen des Blickenden und des Angesehen-Werdenden sowie die Identifizierung mit einer Rolle. Die klassische geschlechtliche Rollenteilung weist dem Mann die Position des Blickenden zu und der Weißen Frau die Position der Angeblickt-Werdenden. Der männliche Blick existiert nach Mulvey im Kino dreifach: Als Blick der (meistens von einem Mann geführten) Kamera, als Blick des männlichen Protagonisten und als Blick des männlichen Zuschauers. Frauen dienen nach Mulvey als Objekt männlicher (Schau-)Lust wie sich in der Vielzahl an Bildern von Frauen – häufig halbnackt, schlank, Weiß –, die tagtäglich produziert und gezeigt werden, bemerkbar macht. Diese zwei Positionen finden sich grundsätzlich auch im Film und dort auf zwei Ebenen. Aktivitäten wie der Blick, Handeln oder Bewegung werden an männliche Figuren gekoppelt, während weibliche Figuren eher körperlich und sexuell dargestellt werden bzw. als diejenigen, die angesehen werden oder auf etwas warten. Der Mann ist das Subjekt des Films, und die Frau das Objekt seines Begehrens.

»In a world ordered by sexual imbalance, pleasure in looking has been split between active/male and passive/female. The determining male gaze projects its phantasy onto the female figure, which is styled accordingly«[184].

Die Frau wird als schön dargestellt, als Figur, die angesehen werden soll und nicht als Handelnde. Mulvey zitiert Budd Boetticher:

»What counts is what the heroine provokes, or rather what she represents. She is the one, or rather the love or fear she inspires in the

182 Ebd., S. 105.

183 Laura Mulvey: Visual Pleasure and Narrative Cinema. In: Bill Nichols (Hg.): Movies and methods II. An anthology, Berkeley 1985, S. 303–315.

184 Ebd., S. 309.

hero, or else the concern he feels for her, who makes him act the way he does. In herself the woman has not the slightest importance«[185].

Hier lässt sich eine Parallele zur Rolle Schwarzer Figuren in der Weißen Imagination herstellen. Der rassifizierte Andere hat ebenso wie das ›andere Geschlecht‹ die Funktion, in der Weißen Hauptfigur Veränderungen zu bewirken.

Die Darstellung mithilfe des Weißen, männlichen Blicks auf den Körper des oder der Anderen reproduziert real existierende Machtverhältnisse zwischen den Geschlechtern. Der Blick im Film strukturiert dabei auch die Machtbeziehungen zwischen hegemonialen und untergeordneten Männlichkeiten.

»Die Beziehung zwischen männlichen Sklaven und hegemonialen Männern wird [...] *ebenfalls über die Politik des Blickes konstruiert, die den einen das Hinblicken zugesteht, die anderen als Körper darstellt, die angeschaut und manipuliert werden können.«*[186]

Gender wird in medialen Produktionen inszeniert und rezipiert, wobei gerade in visuellen Darstellungen der Blick selbst ein vergeschlechtlichter ist. Im konkreten Fall des Films spricht Teresa de Lauretis von »Gender-Technologien«, die für die Produktion und Reproduktion von Gender-Differenz und vergeschlechtlichter Subjektivierung bedeutsam sind, denn Gender »is not a property of bodies or something originally existent in human beings, but ›the set of effects produced in bodies, behaviours, and social relations‹«[187]. Filme beeinflussen in diesem Sinne maßgeblich die Subjektivierungsprozesse und sind selbst eine Gender-Technologie: »cinema – the cinematic apparatus – is a technology of gender«[188]. Andersherum gedacht eignet sich das Medium Film

»durch seine technischen Mittel (Montage, Detail- und Nahaufnahmen, Schuss/Gegenschuss) besonders [...], *Zeit- und Bewegungsabläufe sowie den prozesshaften Charakter von Identität und Geschlecht in seinen verschiedenen Spielarten von Zwang über Parodie bis zu Widerstand sichtbar zu machen«*[189].

185 Boetticher zitiert nach Mulvey (1985), S. 309.
186 Seifert (2003), S. 51.
187 Teresa de Lauretis: Technologies of gender. Essays on theory, film, and fiction, Bloomington 1987, S. 3.
188 De Lauretis (1987), S. 13.
189 Bettina Dennerlein, Elke Frietsch: Einleitung. In: dies.: Identitäten in Bewegung. Migration im Film, Bielefeld 2011 (= Film), S. 7–17, hier S. 7.

Ich gehe davon aus, dass Geschlechterverhältnisse, die zu einem spezifischen historischen Zeitpunkt hegemonial sind, auch in der Filmproduktion verhandelt werden. Filme bieten daher einen relevanten Anhaltspunkt, um die soziale Geschlechterrealität einer bestimmten Zeit zu thematisieren.

3.2 Stereotypisierung und *Othering*

Stereotypisierung ist eine Praxis der Signifikation, der Bedeutungsproduktion. Richard Dyer unterscheidet zwischen Typisierung und Stereotypisierung[190]. Typisieren ist wesentlich für die Produktion von Bedeutung, durch Typisierung werden einige wenige Eigenschaften in den Vordergrund gestellt und Wandel auf minimalem Niveau gehalten. Die Verwendung von Typen vereinfacht oder ermöglicht erst ein Zurechtfinden in der Welt, da wir Dinge oder Personen entsprechend unserer Kultur klassifizieren, verorten und damit begreifen können. Stereotype dagegen erfassen diese wenigen Eigenschaften einer Person und reduzieren diese Person auf diese Eigenschaften, übertreiben und vereinfachen sie und schreiben sie ohne Wandelbarkeit fest. »Stereotypisierung *reduziert*, *essentialisiert*, *naturalisiert* und *fixiert* ›Differenz‹«[191]. Naturalisierung ist eine Strategie der Repräsentation, die Differenz festschreibt und für immer sichert. Dies gilt sowohl für erniedrigende als auch für idealisierte, sentimentale Repräsentation.[192] Menschen, die sich von der Mehrheit unterscheiden, sind oft binären Formen der Repräsentation ausgesetzt. Durch Vorstellungen von *Rasse* und Gender werden Menschen also nicht als Individuen mit individuellen Eigenschaften, sondern immer auch als Exemplar ihres Kollektivs mit naturalisierenden Zuschreibungen wahrgenommen, eingeordnet und dargestellt.

Stereotype erfordern klare Abgrenzungen und sind daher starr, eindeutig und exklusiv, schließen also rigoros aus, was nicht dazugehört. Damit dient Stereotypisierung der »Aufrechterhaltung der sozialen und symbolischen Ordnung«[193]. Sie wendet eine Strategie der Spaltung an, das heißt, sie trennt das Normale und Akzeptable vom Unnormalen

190 Vgl. Richard Dyer: Gays and film, London 1977, S. 28.
191 Hall (2004a), S. 144.
192 Ebd., S. 131.
193 Ebd., S. 144.

und Unakzeptablen und schließt dieses als andersartig aus. Stereotypisierung ist also eine Praxis des Ausschlusses und tritt vor allem dort auf, wo es starke Machtgefälle gibt.

Stereotype setzen eine Norm, klassifizieren die Menschen in Bezug zu ihr und markieren diejenigen, die nicht zur Norm gehören, als anders.[194] Diese Normsetzung ist Teil des Kampfes um Hegemonie[195] innerhalb eines gesellschaftlichen Netzes, in dem Macht verteilt ist und sich potenziell an verschiedenen ideologischen Orten bündeln kann. Macht bedeutet auch symbolische Macht als Macht der Kennzeichnung, Markierung, Benennung, Klassifizierung, als Definitionsmacht. Durch diese Praktiken der Repräsentation wird ein ritualisierter Ausschluss vollzogen und die Stereotypisierung ist ein wesentlicher Bestandteil dieser symbolischen Gewalt.

> »[E]*in Diskurs* produziert, *durch verschiedene Praktiken der* Repräsentation *(Wissenschaft, Ausstellung, Literatur, Malerei etc.) eine Form* rassisierten Wissens über das Andere *(Orientalismus), tief verwoben mit den Operationen der* Macht *(Imperialismus)*«[196].

Diese Macht produziert Wissen über die Welt und über das Subjekt, produziert neue Gegenstände des Wissens, neue Praktiken und Institutionen, wie zum Beispiel Wissen über ›Afrika‹, die Praxis der Kolonisierung und die Schaffung von kolonialen Institutionen. Ihre Zirkulation bewirkt, dass sich alle innerhalb ihres Operationsfeldes befinden, die Beherrschten wie die Herrschenden.

> *»Über die Massenmedien wurden bestimmte Bilder und Darstellungsformen des Konstruktes ›Rasse‹ und des Schwarzseins institutionalisiert und weiterverbreitet. Dies steht in direkter und ungebrochener Verbindung zur Aufrechterhaltung der weißen patriarchalischen Herrschaftsverhältnisse in unserer Gesellschaft. Dadurch wird die Unterdrückung, Ausbeutung und umfassende Beherrschung aller Schwarzen gestützt und beibehalten.«*[197]

Nach bell hooks spielen die Massenmedien also eine zentrale Rolle für die Entwicklung und Verbreitung von Vorstellungen von *Rasse* und Schwarzen Menschen.

194 Hall versteht Stereotypisierung als die Macht/Wissens-spiele von Foucault. Ebd., S. 145.
195 Ebd., S. 145.
196 Ebd., S. 146 (Hervorhebungen im Original).
197 Hooks (1994), S. 11.

Um sich konkreten Repräsentationspraktiken zu nähern, fragt Hall nach dem Wissensarchiv der Differenz, das sich in der westlichen Kultur gebildet hat, und was seine typischen Figuren und Praktiken sind.[198] Drei wesentliche Phasen der Begegnung des Westens mit Schwarzen haben nach Hall zu der Verbreitung von Repräsentationen von rassischer Differenz geführt: Imperialismus, Sklaverei und Migration.[199] Diese drei Formen des Kontakts haben jeweils zu einer Flut an Repräsentationen von Differenz geführt und zusammen ein Repräsentationsregime geschaffen, welches bis heute in Darstellungstraditionen, Wahrnehmungsmustern und Stereotypen fortwirkt. »Typisch für dieses rassisierte Repräsentationsregime war die Praxis, Kulturen von Schwarzen auf Natur zu reduzieren, oder ›Differenz‹ zu *naturalisieren*«[200]. Drei Grundbilder der stereotypen Darstellung Schwarzer Menschen lassen sich nach Hall herauskristallisieren: die Sklavenfigur, den Typ des ›wilden Eingeborenen‹ und den Clown oder Entertainer.[201]

Durch die Normsetzung des ›Eigenen‹ wird der ›Andere‹ als ›anders‹ erfunden; andersherum entsteht das ›Eigene‹ erst in der Abgrenzung zum ›Anderen‹.[202] Die Abgrenzung und Definition des ›Anderen‹ dient gleichzeitig der Selbstvergewisserung und der Bestätigung des Selbstbildes. Durch dieses *Othering* wird daher nicht nur dem beherrschten Objekt sein Platz in der Gesellschaft zugewiesen, sondern auch das herrschende Subjekt strategisch innerhalb des Diskurses platziert[203]. Das Konzept des *Othering*, das auf Gayatri Chakravorty Spivak zurückgeht[204], bezeichnet den Prozess, die eigene Gruppe von einer anderen Gruppe abzugrenzen, die andere Gruppe also als different zu markieren.

Grada Kilomba sortiert die Formen des *Othering*, die Schwarze betreffen und mit denen Differenz naturalisiert wird, in fünf Kategorien: Infantilisierung, Primitivierung, Entzivilisierung, Animalisierung und

198 Vgl. Hall (2004a), S. 122.

199 Ebd., S. 122f.

200 Ebd., S. 130.

201 Stuart Hall: Die Konstruktion von ›Rasse‹ in den Medien. In: ders.: Ideologie, Kultur, Medien, Neue Rechte, Rassismus, hrsg. von Nora Räthzel, Hamburg, Hamburg 1989a, S. 150–171, hier S. 160.

202 Vgl. Susan Arndt, Antje Hornscheidt (Hrsg.): Afrika und die deutsche Sprache. Ein kritisches Nachschlagewerk, Münster 2009, S. 11–12.

203 Vgl. Hall (2004a), S. 148. Hall bezieht sich hier auf Homi Bhabha.

204 Gayatri Chakravorty Spivak: The Rani Of Simur. In: Francis Barker (Hg.): Europe and its others. Proceedings of the Essex Conference on the Sociology of Literature, July 1984, Colchester (1985).

Erotisierung[205]. Diese Kategorien sind auch nützlich im Zusammenhang mit Fragen der Repräsentation. Dabei bezeichnet Infantilisierung die Darstellungsweise oder Wahrnehmung von Schwarzen Menschen als abhängige Objekte, als Kind, das nicht für voll genommen werden muss. Primitivierung bezieht sich auf die Darstellung des Schwarzen als unzivilisiert, ungebildet und nah an Natur und Ursprünglichkeit. Durch Entzivilisierung wird das Schwarze Subjekt zum rohen, gewalttätigen und bedrohlichen Anderen, das kein Gesetz kennt. Animalisierung stellt das Schwarze Subjekt in die Nähe des Tierreichs oder macht es selbst zum triebhaften, instinktgesteuerten Tier, das nicht völlig Mensch ist. Durch Erotisierung schließlich wird das Schwarze Subjekt sexualisiert und als übermäßig potent, sexuell aktiv und wollüstig dargestellt, der Schwarze Mann auch als Vergewaltiger. Nach Hall antworten Schwarze Männer darauf manchmal mit umgekehrter Karikatur der Hyper-Männlichkeit und Super-Sexualität[206]. Repräsentation arbeite auf zwei Ebenen, die erste sei oft eine Tarnung der zweiten. So könne die bewusste Einstellung von Weißen, dass Schwarze keine richtigen Männer seien, dazu dienen, eine tieferliegende und beunruhigendere Fantasie zu tarnen, nämlich der, dass Schwarze in Wirklichkeit sexuell potenter sind als Weiße.[207]

205 Vgl. Kilomba (2010), S. 44.
206 Vgl. Hall (2004a), S. 150.
207 Ebd., S. 150.

4. Rekonstruktionen der Weißen deutschen Identität

In der nun folgenden Analyse werden verschiedene Themenkomplexe untersucht, die in den ausgewählten Spielfilmen der Nachkriegszeit verhandelt werden. Der Fokus liegt dabei auf unterschiedlichen semiotischen Strategien, mit denen Identitäten in Bezug auf *Rasse* und Gender rekonstruiert werden. Durch die Vielzahl an Filmen und Themen, die in dieser Arbeit zur Sprache kommen, ergeben sich in den einzelnen Analyseteilen zahlreiche inhaltliche Querverbindungen zu anderen Teilen. Die Rekonstruktion der Weißen deutschen Identität in den vorliegenden Filmen findet auf vielschichtige und komplexe Weise statt. Die inhaltliche Eingrenzung der vorliegenden Arbeit hat zur Folge, dass nicht sämtliche Aspekte analysiert werden können.

Zu Beginn folgt nun eine Kurzbeschreibung der sieben Filme, die im Fokus dieser Arbeit stehen. Die im Sinne der Forschungsfrage relevanten Topoi wurden für die Analyse inhaltlich gegliedert und zu drei Themenfeldern gebündelt, welche die zentralen Strategien Identitätsrekonstruktion darstellen: Rehabilitation, Resouveränisierung und Restauration. Diese drei Themenkomplexe bilden die Grundstruktur des Analyseteils.

Toxi (BRD 1952, Regie: Robert Adolf Stemmle)

Regisseur Stemmle fragt mit seinem Film danach, wie die deutsche Gesellschaft mit Schwarzen Kindern umgehen soll, die aus Verbindungen zwischen Weißen deutschen Frauen und Schwarzen alliierten Soldaten hervorgehen. In dem Film *Toxi* kommt ein fünfjähriges Schwarzes Mädchen, dessen afroamerikanischer Vater in den USA lebt und dessen Weiße Mutter gestorben ist, in die bürgerliche Weiße deutsche Familie Rose/Jenrich. Die Familienmitglieder wissen im Gegensatz zum Publikum nicht, dass Toxi das Enkelkind ihrer ehemaligen Hausangestellten Frau Berstel ist und diese sie vor dem Haus der Familie abgesetzt hat. Toxis Ankunft löst einen Konflikt in der Familie aus, ob sie aufgenommen oder in eine Fürsorgeeinrichtung gegeben werden soll. In diesem Streit grenzen sich unterschiedliche Positionen und auch Generationen voneinander ab. Toxi gewinnt mit ihrem Wesen die meisten Familienmitglieder für sich, doch am Ende setzt sich Theodor Jenrich durch und macht sich mit Toxi auf den Weg zum Kinderheim. An diesem Tag wird sein Rassismus von Toxis Zuneigung gebrochen, sodass er seine Entscheidung, Toxi ins Heim zu bringen, revidiert. Toxi wird in die Familie aufgenommen, bis an Heiligabend plötzlich ihr leiblicher Vater James R. Spencer vor der Tür steht und sie mit in die USA nimmt.

Der dunkle Stern (BRD 1955, Regie: Hermann Kugelstadt)

Der dunkle Stern knüpft sowohl inhaltlich als auch personell an den erfolgreichen Film *Toxi* an.[208] Die 9-jährige Moni lebt glücklich bei einer Pflegemutter, Frau Lechner, in den bayerischen Alpen. Ihre Lehrerin Frau Rieger sorgt sich um die Zukunft von Moni, da diese Bäuerin werden will, was aber in den Augen der Lehrerin unmöglich ist, da Moni Schwarz ist. Um ihr eine Zukunft zu sichern, vermittelt sie Moni daher an einen Münchner Zirkus. Trotz Heimweh findet sie einen neuen Freund und tritt bald selbst als Clown auf. Gleichzeitig droht der Akrobatin Linda wegen ihrer Höhenangst der Rausschmiss aus dem Zirkus. Als Moni eines Tages in Gefahr gerät, weil sie auf das Trapez klettert, wird sie von Linda, die hierfür ihre Höhenangst überwindet, gerettet. Als Moni erfährt, dass ihre Lehrerin zu Besuch war, rennt sie ihr zum Bahnhof nach. Im Gespräch mit dieser erkennt Moni, dass sie auch im Zirkus glücklich werden kann und besiegt ihr Heimweh.

Die Helden sind müde (BRD/Frankreich 1955, Regie: Yves Ciampi)

Die deutsch-französische Koproduktion *Die Helden sind müde* schildert die Situation von mehreren Europäer_innen in der imaginären Küstenstadt »Free City«, die in einem unbenannten und unabhängigen afrikanischen Land liegt. Der Franzose Michel Rivère gelangt in die Stadt, in der Tasche einen Beutel gestohlener Rohdiamanten, die ihm dazu dienen sollen, ein neues Leben aufzubauen. Er kommt in ein Hotel, das von François Séverin, einem ehemaligen Pariser Rechtsanwalt, geführt wird. François ist mit Manuella verheiratet, die ihn mit dem Schwarzen Sidney betrügt. Im Hotel lernt Michel die dort verkehren-

208 In *Toxi* und *Der dunkle Stern* spielt Elfriede Fiegert die Hauptrolle eines Schwarzen deutschen Mädchens, über dessen Zukunft entschieden werden muss.

den Weißen kennen, darunter Nina, die mit einem Schwarzen verheiratet ist und einen Friseursalon betreibt, Hermann, ein Deutscher, der früher Politiker war und jetzt Uhren repariert, Olsen, ein Schwede, der die Reparatur seines Bootes nicht bezahlen kann, und Wolf Gerke, ein Deutscher, mit dem er die Leidenschaft für das Fliegen teilt. Die europäischen Männer sind infolge des Weltkrieges orientierungslos und stehen im Kontrast zur aufstrebenden Schwarzen Bevölkerung. Michel beginnt eine Affäre mit Manuella, die ihr Leben mit François aufgeben will und Michel folgen möchte. An Weihnachten finden Michel, Manuella und Gerke den aufgebrochenen Tresor, in dem die Diamanten versteckt waren, und verdächtigen François. Diesem gelingt es, Michel und Gerke zu überwältigen und mit den Diamanten zu fliehen. Auf der Flucht erschießt er Manuella, verletzt Gerke und verstreut die Diamanten im Meer, bevor er selbst kentert und ertrinkt. Michel kann den verletzten Gerke retten und die beiden ehemaligen Kriegsgegner kehren gemeinsam zurück in die Stadt.

Mein Bruder Josua (BRD 1956, Regie: Hans Deppe)

Mein Bruder Josua ist der einzige deutschsprachige Film des Untersuchungszeitraums mit einem Schwarzen Mann in einer Hauptrolle. Er handelt von dem Weißen Bauern Mathias Bruckner, der 18 Jahre lang unschuldig im Gefängnis saß und nun zurück in sein Heimatdorf kommt. Seine Schwägerin Franziska Donath hat seinen Hof übernommen und die ganze Bevölkerung des Dorfes, sogar Mathias' Tochter Lena, gegen ihn aufgehetzt. Als Mathias formal das Gehöft zurückerhält, verlässt Franziska mitsamt aller Knechte und Mägde den Hof. Mathias schafft es nicht, sämtliche Tätigkeiten allein zu verrichten, doch da kommt sein neuer Bekannter, der Schwarze GI Josua Washington Stone, mit einer Gruppe amerikanischer Soldaten, um Mathias zu helfen. Die Dorfbevölkerung überkommt Scham angesichts der Hilfsbereitschaft der Amerikaner; sie kehren Franziska den Rücken und helfen ebenfalls mit. Als es im Wirtshaus zwischen Josua und Franziskas Sohn Hans zu einem Streit um die Kellnerin Hildegard kommt, stürzt diese die Treppe hinunter und verletzt sich tödlich. Hans beschuldigt fälschlich Josua, Hildegard hinunter gestoßen zu haben, woraufhin dieser verhaftet wird. Zu guter Letzt verrät Franziskas Ehemann Joseph, der vom Meineid seines Sohnes weiß, dem Bürgermeister die Wahrheit und Josua wird wieder freigelassen.

Liane, das Mädchen aus dem Urwald (BRD 1956, Regie: Eduard von Borsody)

In dem Film *Liane, das Mädchen aus dem Urwald* trifft eine Expedition Weißer Forscher_innen in einem Urwald in Afrika auf ein junges Weißes Mädchen, das dort bei den Wodo, einer Schwarzen, als ›primitiv‹ dargestellten Gesellschaft lebt. Sie fangen das Mädchen, das sich Chiachi nennt, und verhindern einen Befreiungsversuch durch die Wodo. In der festen Überzeugung, die Weiße Frau mit nach Europa nehmen zu müssen, bringt Thoren sie und ihren Beschützer Tanga nach Hamburg, wo sich herausstellt, dass sie Liane, die Enkelin des reichen Reeders Amelongen ist. Sie hatte als zweijähriges Kind ein Schiffsunglück überlebt, bei dem ihre Eltern und die gesamte Besatzung umgekommen waren und war dann von Schwarzen großgezogen worden, die sie als Göttin verehrten. Der Neffe von Amelongen und gierige Geschäftsmann Viktor Schöninck fürchtet nun um sein Erbe, da er bisher davon ausgegangen war, einziger lebender Nachfahre Amelongens zu sein. Als der alte Amelongen ermordet wird, fällt der Verdacht zunächst auf Tanga, doch schließlich kann Schöninck der Tat überführt werden. Liane kehrt schließlich zusammen mit Tanga und Thoren nach Afrika zurück.

Skandal um Dodo (Österreich 1958, Regie: Eduard von Borsody)

Die österreichische Komödie *Skandal um Dodo* ist der einzige deutschsprachige Film der 1950er-Jahre mit einer erwachsenen Schwarzen Frau als Hauptdarstellerin. Anton Weber, genannt Toni, möchte die Adlige Helga heiraten und gibt sich dafür gegenüber Helgas Tante, der Baronesse von Pritzelwitz, als adliger Neffe des Grafen Udo von Pleitenstein aus. Außerdem versucht er, seine Beziehung zu Dorine Noiret, einer Schwarzen Revuetänzerin, genannt Dodo, zu beenden. Durch verschiedene Zufälle taucht Dodo allerdings nach einem Auftrittsverbot und dem Entzug der Aufenthaltserlaubnis im Haus von Tonis Onkel Gustav Pietsch auf. Ihre Anwesenheit sprengt die geplante Verlobungsfeier zwischen Helga und Toni. Der ›Rassenforscher‹ Baldur von Diederingen, Bruder der Baronesse, der aus moralischer Empörung für Dodos Auftrittsverbot gesorgt hatte, entpuppt sich als Dodos leiblicher Vater. Die Baronesse und Baldur überwinden ihre Vorurteile und stimmen der Heirat von Helga mit Anton Weber zu. Sie feiern die Verlobung in der Sansi Bar, wo nun auch Dodo wieder auftreten darf.

Unser Haus in Kamerun (BRD 1961, Regie: Alfred Vohrer)
Der Film *Unser Haus in Kamerun* von 1961 handelt von dem jungen Georg Ambrock, der auf einer Farm in Kamerun groß geworden ist und nun von seinem Vater Willem Ambrock zur Ausbildung nach Hamburg geschickt wird. In der Firma von Konsul Steensand, einem Freund seines Vaters, lernt er dessen Sohn Klaas kennen. Die beiden unterschiedlichen jungen Männer freunden sich schnell an. Georg sehnt sich anfangs zurück nach Kamerun, was sich allerdings ändert, als er sich in Doris verliebt. Klaas ist eifersüchtig, denn Doris war seine heimliche Geliebte. Als Georg und Doris nach Kamerun fahren, reist Klaas ihnen nach und überzeugt die Familie Ambrock davon, dass Doris ein falsches Spiel mit ihnen treibe, eigentlich seine Freundin sei und zusätzlich auch noch ein uneheliches Kind habe. Die Familie bricht mit Doris, die sich zusammen mit Klaas auf den Weg zum Flughafen macht, doch im letzten Moment verzeiht ihr Georg und fährt ihr nach. Es entwickelt sich eine Verfolgungsfahrt, während der Klaas tödlich verunglückt. Doris kommt mit leichten Verletzungen davon und kann nun endgültig in die Familie Ambrock aufgenommen werden.

4.1 Rehabilitation: Überwindung der Vergangenheit

In den untersuchten Filmen finden sich verschiedene Bezüge auf die Vergangenheit, die mal als gesellschaftliche, mal als individuelle erscheinen. Über rassistische Terminologie wird teilweise eine direkte Verknüpfung zum Nationalsozialismus hergestellt. Doch auch die Überwindung einer individuellen Vergangenheit als Chiffre gesellschaftlicher Prozesse ist häufig nötig, um den Boden für die Zukunft zu bereiten. In diesem Sinne stellt die Überwindung der Vergangenheit in den vorliegenden Filmen ein Element der Rehabilitation der deutschen Gesellschaft im Allgemeinen und des Weißen Mannes im Besonderen dar. Drei Formen der Vergangenheitsbewältigung sollen in den folgenden Kapiteln untersucht werden. Die Aushandlung der Vergangenheit durch innerfamiliäre Wertekonflikte, die Heilung durch einen Wandel, der durch die Begegnung mit dem Fremden angestoßen wird sowie die Heilung durch die Integration oder Einverleibung des vormals abgelehnten rassifizierten Anderen.

4.1.1 Aushandlung der Vergangenheit durch Wertekonflikte

Die Überwindung der Vergangenheit äußert sich in einigen der untersuchten Filme als Konflikt verschiedener Wertesysteme, der gelöst werden muss. Meistens gibt es zwei Parteien, von denen eine für ein überholtes Wertesystem und die andere für ein zeitgemäßes Wertesystem steht. Die Lösung des Konflikts liegt dann darin, die überholte Position zu überwinden. Das kann durch eine Bekehrung geschehen, aber auch durch den gesellschaftlichen Ausschluss oder den Tod der entsprechenden Personen.

Die Identitätsverhandlungen der Nachkriegszeit kreisen hauptsächlich um die drei Wertesysteme US-amerikanische Konsumkultur, ein traditionelles, christliches Weltbild und den Rassismus des Nationalsozialismus. Im *Rassen*denken bis 1945 galt die Vermischung der *Rassen* besonders bedrohlich. Solange die *Rassen* getrennt blieben, hatten zumindest Schwarze Menschen eine Existenzberechtigung. Die ›Vermischung‹ stellte in dieser Ideologie bereits ein Eindringen und eine Verunreinigung der deutschen Nation dar:

> *»Der Mischling ist der Entwurzelte schlechthin, sein Leben löst sich nie aus den Fesseln einer Tragik, mit der er die Verantwortungslosigkeit seines Erzeugers zu bezahlen hat. Es ist ein Unglück, ein Mischling zu sein. Es bedeutet aber auch den Untergang jeder einheitlichen Haltung eines Volkes, wenn das Wegfallen der sexuellen Schranke zwischen dem Europäer und dem Eingeborenen eine Mischlingsklasse einstehen läßt, die in sich selbst ein Element der Zersetzung trägt, zugleich aber in ihrer Wurzellosigkeit zum Träger zersetzender Einflüsse werden kann.«*[209]

Diese Gruppe der ›Mischlingskinder‹, die nach dem Ende des Krieges geboren wurden, hatten eine große symbolische Bedeutung, sie wurden »als ein drängendes soziales Problem US-amerikanischen Ursprungs konstruiert«[210]. Zeitgenössische Schätzungen überhöhten die Zahl dieser Kinder zu bis auf 950 000. Tatsächlich waren es im Jahr 1950 weniger

[209] Ernst Rodenwald: Rassenbiologische Probleme, in: Verhandlungen der Deutschen Gesellschaft für Rassenforschung 10, zitiert nach Wolfgang U. Eckart, Christoph Gradmann: Hygiene. In: Wolfgang U. Eckart, Volker Sellin, Eike Wolgast (Hg.): Die Universität Heidelberg im Nationalsozialismus, Berlin, Heidelberg 2006, S. 697–719, S. 706.

[210] Fehrenbach (2001a), S. 184.

als 3000 Kinder.[211] Sogar der Bundestag befasste sich am 12. März 1952 mit den ›Besatzungskindern‹, wobei es insbesondere um die ›Mischlinge‹ ging, die als besonderes Problem betrachtet wurden.[212]

Obwohl das Zusammenleben zwischen Weißer deutscher Bevölkerung und Schwarzen deutschen Kindern konfliktfrei verlief, gingen die Jugendämter davon aus, dass die Einschulung zu erheblichen Problemen führen würde.[213] Aus diesem Grund wurde die Einschulung des ersten Jahrgangs der nachkriegsgeborenen Schwarzen Kinder mit Berichten und Kommentaren in der Presse begleitet. Auch in der Populärkultur, zum Beispiel in Schlagern und Illustriertenromanen, tauchten Schwarze Kinder auf.[214] In diesem gesellschaftlichen Kontext ist auch der Film *Toxi* entstanden, dessen Ziel es war, »Mitleid und Rührung«[215] zu wecken.

In dem Film *Toxi* (1952) dreht sich der zentrale Familienkonflikt um die Frage, wie mit dem Schwarzen Mädchen Toxi[216] umgegangen werden soll, das durch Zufall in die Familie Rose/Jenrich gekommen ist. Die Diskussion innerhalb der Familie dreht sich um drei verschiedene Standpunkte: »Christlicher Wertekanon, krankhafter Rassismus und Konsumorientierung«[217]. Diese drei konkurrierenden Weltanschauungen werden im Film gegeneinandergestellt, wobei sich nach einem Wandlungsprozess der rassistischen Figur Theodor Jenrich christliche und konsumorientierte Positionen durchsetzen können.

Die Weiße bürgerliche Familie Rose/Jenrich aus dem Film *Toxi* besteht aus drei Generationen, die unter demselben Dach in einem gro-

211 Heide Fehrenbach: Of German Mothers and ›Negermischlingskinder‹. Race, Sex, and the Postwar Nation. In: Hanna Schissler (Hg.): The miracle years. A cultural history of West Germany, 1949–1968, Princeton, NJ 2001b, S. 164–186, hier S. 164.

212 Vgl. Lemke Muniz de Faria (2002), S. 44f.

213 Vgl. Lemke Muniz de Faria (2002), S. 74.

214 Vgl. Lemke Muniz de Faria (2002), S. 173.

215 Lemke Muniz de Faria (2002), 173., S. 173.

216 Der Name ›Toxi‹ ruft klare Assoziationen mit Gift und Chemie hervor und verweist auf die vermeintlich biochemischen Reaktionen, die ihre Anwesenheit in einer Weißen Familie und Gesellschaft hervorrufen kann. Gleichzeitig fungiert dieser Name als Symbol dafür, dass das Schwarze Mädchen entweder das tödliche Gift oder die heilende Medizin für die Weiße deutsche Gesellschaft darstellen kann. Näheres zu diesem Thema folgt in Kapitel 4.1.3.

217 Maja Figge: ›Der Konsum hilft!‹. Rassismus und ›Heilung‹ durch Integration im Spielfilm Toxi. In: Klaus Krüger, Leena Crasemann, Matthias Weiss (Hg.): Um/Ordnungen. Fotografische Menschenbilder zwischen Konstruktion und Dekonstruktion, München 2010, S. 135–153, hier S. 141.

ßen Haus in einem ruhigen Hamburger Wohnviertel leben. Es gibt drei Paare, bei denen jeweils der Mann die aktive Figur ist und der in den Gesprächen der Familie etwas zu sagen hat beziehungsweise gehört wird. Die Familienmitglieder der Familie Rose / Jenrich reagieren unterschiedlich auf die Ankunft der Schwarzen Toxi in ihrem Haus. Dem Publikum wird vermittelt, dass dieses Kind hilfsbedürftig ist und weder für seine Hautfarbe noch für seine Situation etwas kann. Auch das Programmheft beschreibt sie als völlig unschuldig: »ein graziles, kleines Krausköpfchen mit einem Feldblumenstrauß in der Hand und einem Köfferchen als einzige Habe«[218].

Innerhalb der Familie ist umstritten, ob Toxi in der Familie bleiben solle oder nicht. Die Frage, wie viele Menschen die Familie insgesamt überhaupt aufnehmen könne, wird schon vor Toxis Ankunft aufgeworfen. Während der Vorbereitungen zum Geburtstagsessen von Helene Rose, mit denen der Film beginnt, steigt die Zahl der zu erwartenden Gäste stetig an. Mithilfe des filmischen Mittels der Parallelmontage werden verschiedene Szenen gegeneinander geschnitten: Tante Wally kommt unerwartet vorbei, Herta lädt spontan ihren Freund Robert ein, die Familienmitglieder sprechen über die steigende Zahl an Gästen und Hausmädchen und Köchin fragen sich, ob das Essen wohl für alle reichen wird. Die Frage, ob alle an den Tisch passen und satt werden, ist hier auch als allegorische Frage zu deuten, wie viele Menschen die deutsche Nation unterbringen und versorgen kann.[219]

Nachdem alle am Tisch Platz genommen haben und sich rege unterhalten, ergreift Dr. Carsten das Wort und hält eine Rede zu Ehren von Helene. In dieser Rede zählt er alle Familienmitglieder nacheinander auf:

> *»Dir blühen zwei liebliche Töchter, Charlotte und Herta, und den Kreis Deiner Familie füllen – darf ich's sagen? – zwei Schwiegerkinder. Und das Schönste: Zwei süße Enkelkinder.* […] *und rein praktisch gesehen: das Wohnungsamt kann Dir jetzt gar nichts mehr anhaben.* [allgemeines Lachen] *Nein, nein, nein, Eindringlinge haben hier keinen Platz!«.* [220]

[218] Illustrierter Film-Kurier: Toxi 1952.

[219] Vgl. Angelica Fenner: The Rebirth of the Nation. Cinematic Discourses of Race and Reconstruction in Transnational Perspective. In: Maria Diedrich, Jürgen Heinrichs (Hg.): From Black to Schwarz. Cultural crossovers between African America and Germany, East Lansing, Münster 2011, S. 227–244, S. 237.

[220] Der Kommentar von Dr. Carsten bezüglich des Wohnungsamtes bezieht sich auf den Wohnungsmangel in der Nachkriegszeit, der zur Folge hatte, dass Fa-

Nach diesem Satz folgt ein Schnitt und es werden zwei Gestalten gezeigt, die draußen in der Dunkelheit vor dem Gartentor stehen, Toxi und ihre Großmutter. Toxi, die kurz darauf allein an der Tür von Familie Rose / Jenrich klingeln wird, wird so indirekt als »Eindringling« bezeichnet und die Frage, wie viele Menschen die deutsche Nation aufnehmen könne, um die Frage erweitert, *welche* Menschen sie aufnehmen kann. Obwohl die Kinder, die aus den Verbindungen deutscher Frauen mit alliierten Soldaten entstanden waren, die deutsche Staatsbürgerschaft ihrer Mütter erbten, galten sie als fremd.[221] Dabei war ganz gleichgültig, ob ihr Vater tatsächlich aus den USA kam oder aber zu den französischen Streitkräften gehörte und aus dem Senegal, Marokko oder Algerien kam.[222]

Die unterschiedlichen Reaktionen auf Toxi werden kurz nach ihrer Ankunft in einem Familiengespräch deutlich. Toxi wird, da ihre Herkunft so schnell nicht geklärt werden konnte, ins Bett gebracht, und Theodor tut kund, dass er nicht möchte, dass sie am nächsten Morgen seinen beiden Weißen Kindern Susi und Ilse begegnet. Das Gespräch, das sich daraufhin entwickelt, stellt eine Schlüsselszene des Films dar:

> Theodor: *»Ich wünsche aber keinesfalls, dass das Kind morgen früh mit meinen Kindern zusammenkommt.«*
>
> Robert: *»Aber was sind denn das für Ansichten?«*
>
> Theodor: *»Das sind meine Ansichten!«*
>
> Herta: *»Na, es ist doch ein so liebes Kind.«*
>
> Theodor: *»Ein so liebes Kind kann irgendeine ansteckende Krankheit einschleppen.«*
>
> Frau Übelhack: *»Ja, das ist bei so einem Kind sehr leicht möglich!«*
>
> Charlotte: *»Glauben Sie?«*

milien, die größere Wohnungen oder Häuser besaßen, deutsche Vertriebene bei sich aufnehmen mussten.

221 Vgl. Lemke Muniz de Faria (2002), S. 11. Es gab beispielsweise Versuche, Kinder in afroamerikanische Familien zu vermitteln, was als eine ›Lösung‹ schien, die auch zum Wohle des Kindes wäre.

222 Vgl. Fehrenbach (2001b), S. 165.

Dr. Carsten: *»Ich werd es mir mal ansehen.«*

Rechtsanwalt Grünwald: *»Mhm.«*

Gustav (zu Dr. Carsten): *»Das ist sehr nett von Ihnen.«*

Theodor: *»Aber auch wenn das Kind gesund ist, ich wünsche nicht, dass das Kind mit unseren Kindern zusammenkommt«*

Robert: *»Erlauben Sie mal! Nur weil es nicht die Hautfarbe Ihrer Kinder hat?«*

Theodor: *»Ja. Das verstehen Sie wohl nicht«.*

Robert: *»Nein.«*

Theodor: *»Da tun Sie mir aber leid.«*

Herta (zu Robert): *»Bitte sei ruhig«.*

Gustav: *»Äh, Moment mal, ja?«*

Theodor: *»Ich finde dieser junge Mann mischt sich etwas frühzeitig in unsere Angelegenheiten ein.«*

Gustav: *»Dieser junge Mann hat ganz recht.«*

Herta: *»Jawohl.«*

Charlotte: *»Herta!«*

Herta: *»Ach.«*

Theodor: *»Ich kann mit Euch über dieses Problem nicht sprechen. Dieses Negerkind …«*

Robert: *» … ist auch nur ein Mensch.«*

Theodor: *»Richtig. Trotzdem gibt es da Unterschiede.«*

Robert: *»Also ich sehe keine Unterschiede. Wahrscheinlich, weil ich kein Spießbürger bin.«*

Gustav: *»Ach Kinder, nun macht doch keine große Sache daraus. Ich sehe auch kein Problem. Ein Kind mehr in der Familie ist nur ein Problem, wenn nichts zu essen da ist. Sonst seh' ich gar kein Problem.«*

Theodor: *»Ich meine das Rassenproblem.«*

(Schwenk zu den anderen Familienmitgliedern, die bestürzt dreinblicken. Betretenes Schweigen.)

Gustav: *»Natürlich gibt es das noch. Aber ich glaube wir haben gelernt, es mit anderen Augen anzusehen.«*

Charlotte: *»Einen Augenblick, Papa …«*

Theodor: *»Lieber Schwiegerpapa, du weißt, dass unsere Ansichten in verschiedenen Punkten auseinandergehen.«*

Gustav: *»Das weiß ich und das nehm' ich Dir auch gar nicht übel. Aber Du musst Dir abgewöhnen, mit Vorurteilen an alle Menschen und Dinge heranzugehen.«*

Herta: *»Du hast Deine Meinung, Theodor, und wir haben unsere, so wie jeder seine hat. Aber du musst doch zugeben, so ein Kind kann nichts dafür, so ein Kind ist unschuldig!«*

Charlotte: *»Wenn ich vielleicht mal was sagen darf, es ist doch …«*

Herr Übelhack: *»Aber meine Lieben, morgen ist das Streitobjekt doch sowieso aus'm Hause.«*

Frau Übelhack: *»Nein, morgen ist Sonntag.«*

Herr Übelhack: *»Was denn, übermorgen.«*

Frau Übelhack: *»Ich weiß genau, was Herr Dr. Jenrich meint: Es ist ein Kind der Schande.«*

Herr Übelhack: *»Anna, bitte, halt doch den Mund, ja, bitte.«*

Theodor (zu Gustav): *»Du hast von Vorurteilen gesprochen. Ich finde, das sind Gefühlssachen!«*

Gustav: *»Gefühlssachen? Hier kommt ein kleines Schwarzes Kind zu uns, hilflos, wer weiß, was man mit dem Kind gemacht hat. Und Dein erstes Gefühl ist: Rassenunterschiede!«*

In diesem Dialog werden die unterschiedlichen Haltungen der drei Männer Gustav, Theodor und Robert deutlich.[223] Gustav und Helene Rose sind die älteste Generation, sie sind die Großeltern und Gustav ist der Herr im Hause, der *pater familias*. Er wird im Laufe des Films als liebevoller, humanistischer und kluger alter Herr dargestellt, der die Verantwortung für Toxi von Anfang an gern übernimmt. Für ihn ist die Frage, ob Toxi bleiben kann, eine rein praktische, nämlich die, ob die Familie sie versorgen kann. Abgesehen davon sieht er es als seine Pflicht, das hilflose Kind aufzunehmen. Theodor Jenrich, der mit Gustavs Tochter Charlotte verheiratet ist, nimmt dagegen eine explizit rassistische Haltung gegenüber Toxi ein und gibt ihr später sogar die Schuld an seiner geschäftlichen Misere. Theodor symbolisiert eine Generation, die mit dem rassistischen Gedankengut des Nationalsozialismus groß geworden ist. Dieses Denken, das alle, die nicht der *Weißen Rasse* zugeordnet wurden, als biologische Gefährdung für den deutschen ›Volkskörper‹ betrachtet, wird von Theodor an dieser Stelle

[223] Die Frauen teilen alle die Meinung ihrer jeweiligen Männer, halten sich aber in der Regel zurück und sagen wenig Inhaltliches, sondern sind vor allem um das Wohl ihrer Männer besorgt. Helene kommt in diesem Familiengespräch gar nicht zu Wort und scheint es auch nicht zu versuchen, während Charlotte immerhin mehrere Versuche unternimmt. Ihr wird beide Male von den Männern, einmal von Theodor und einmal von Herrn Übelhack, der zu Gast ist, das Wort abgeschnitten. Herta kommt ein Mal zu Wort und nutzt dies, um noch einmal die Unschuld des Kindes zu betonen. Hier wird auch deutlich, dass Charlotte in einer altmodischeren und damit patriarchaleren Beziehung lebt als Herta, da ihr in diesem Gespräch gar kein Gehör geschenkt wird. Herta, die Jüngere, Modernere, kann sich dagegen äußern, wird von ihrem Freund Robert auch nicht daran gehindert. Sie ist allerdings auch noch nicht mit Robert verheiratet und hat sich also auch formal noch nicht ihm unterstellt. Charlotte als Ehefrau und Mutter hat dagegen ganz offensichtlich andere Aufgaben innerhalb der Familie zu übernehmen, als sich an Diskussionen zu beteiligen. Insofern ist der Film auch als Aushandlung von unterschiedlichen Männlichkeiten zu interpretieren.

fortgeführt. Er hat den Rassismus so verinnerlicht, dass er auch Toxi als Bedrohung für sich und seine Familie wahrnimmt.

Robert und Herta stehen dagegen für eine moderne Generation, die mit dem alten Rassismus nichts anfangen kann und ihn explizit ablehnt. Herta ist auch die einzige erwachsene Frau, die ihre eigene Meinung zur Anwesenheit von Toxi zum Ausdruck bringt, auch wenn dies meistens in Zweiergesprächen mit Robert geschieht und nicht in Anwesenheit ihres Vaters Gustav oder Schwagers Theodor. In deren Anwesenheit verhält sie sich eher still und passiv, während ihre Beziehung zu Robert so dargestellt wird, als würden die beiden sich mehr auf Augenhöhe begegnen. Robert und Herta schließen Toxi sofort ins Herz und setzen sich dafür ein, dass sie in der Familie bleibt, da ein Kinderheim nicht gut für ein Kind sei. Die jüngste Generation sind Ilse und Susi, die Kinder von Charlotte und Theodor. Die beiden gehen völlig unvoreingenommen auf Toxi zu, »akzeptieren sie sofort als neue Spielgefährtin und räumen ihr einen großen Platz in ihren Herzen ein«[224].

Gustav verkörpert den guten Christen, er geht an die Sache menschlich und als »›Selfmademan‹ der alten Schule«[225] ganz pragmatisch heran: die Familie könne es sich leisten, noch ein Kind aufzunehmen, und dann sei es auch angebracht, dies zu tun und dem Kind damit zu helfen. Die Hilfe, derer Toxi bedarf, ist in der Logik des Films die der Weißen deutschen Familie, die als Sinnbild der Weißen deutschen Gesellschaft fungiert. Die Darstellung von Schwarzen als hilfsbedürftig gegenüber Weißen, die Hilfe – sei es karitative oder Entwicklungshilfe – geben können und sollen, reproduziert Vorstellungen der Weißen Überlegenheit und der Schwarzen Unterlegenheit. Die Figur des Kindes steht metaphorisch für Hilflosigkeit und der Hilfsbedürftigkeit, bedürfen doch alle Kinder einer gewissen Hilfe durch Erwachsene. Die Figur des Schwarzen weiblichen Kindes, das zusätzlich lieb und brav ist, eignet sich dazu, mögliche Bedrohungsängste des Weißen Publikums angesichts einer Schwarzen Figur zu vermeiden. Die Infantilisierung drückt sich auch darin aus, dass Toxi keinen Nachnamen hat und auch keinen erhält.

Toxi betet vor dem Essen, bedankt sich immer artig und wird nie wütend. Zwar ist sie von einem Tag auf den anderen in eine ihr fremde Familie gekommen und hätte allen Grund, unsicher oder unzufrieden zu sein, doch sie verkörpert die demütige Dankbarkeit, die Weiße

224 Illustrierter Film-Kurier: Toxi 1952.

225 Ebd.

Menschen von Schwarzen oft verlangen, wenn sie karitativ tätig sind. Die Aufnahme von Toxi im Kreis der Familie als Ausdruck christlicher Nächstenliebe ist damit auch ein Akt von *White Charity. White Charity* bezeichnet die Praxis von Weißen, Schwarze Menschen mittels *Othering* als hilfsbedürftige Opfer darzustellen und wahrzunehmen. Diese Form des *Othering* ermöglicht es den Weißen, sich ihrer eigenen Überlegenheit und moralischen Integrität durch Hilfsangebote und karitatives Handeln zu versichern. Gustav, der eine christliche Haltung vertritt, formuliert diesen Wunsch, anderen zu helfen: »Ja, wir hätten gern was getan für eins dieser Kinder, ihm ein Zuhause gegeben«. Er drückt damit aus, dass es nicht um Toxi als Person geht, sondern um die Bereitschaft der Familie Rose / Jenrich, ihre Hilfsbereitschaft unter Beweis zu stellen.

Theodor hingegen hat das »Gefühl«, dass das Kind nicht in die Familie passt, und befürchtet sogar, es könne Krankheiten einschleppen, also eine physische Bedrohung für die Familie darstellen. Diese Argumentation knüpft an tradierte Vorstellungen an, die Vermischung der *Rassen* könne zu Krankheit und Degeneration führen. Das Mädchen Toxi dient in dem Film als lebendiger Beweis gegen diese Annahme, die zunächst durch folgende Szene heraufbeschworen wird:

> *»When cook and maid reach into the oven to pull out a large marble cake, we are offered a lingering close-up of the freshly risen swirl of black and white dough, only to witness its collapse when prodded by the maid's finger«.*[226]

Die Mischung aus Schwarz und Weiß erweist sich am Bild des Kuchens zunächst als instabil und unbelastbar, sie kollabiert bei der leisesten Bewegung. Im Gegensatz dazu ist Toxi fröhlich und gesund, was auch durch den Arzt Dr. Carsten bestätigt wird, der sie untersucht und konstatiert, sie sei »blitzsauber gehalten und kerngesund«. Offensichtlich ist nicht Toxi, sondern Theodor selbst der Kranke, der »von einer gutbürgerlichen Korrektheit und von Rassenkomplexen besessen ist«[227].

Vehementer Widerspruch gegen Theodors Haltung wird von Robert eingelegt, der die Gleichheit aller Menschen vertritt.[228] So wird auch die

[226] Fenner (2011), S. 237.

[227] Illustrierter Film-Kurier: Toxi 1952. Auf das Motiv von Krankheit und Heilung geht das Kapitel 4.1.3 tiefer ein.

[228] In dieser Szene kommt ein weiterer Aspekt zur Geltung, nämlich die Artikulation von Farbenblindheit, die Roberts Ausspruch »Ich sehe keine Unterschiede« darstellt und die in abgemilderter Form von Gustav unterstützt wird:

Position des Widerspruchs von einem Weißen Mann eingenommen, der damit eine Stellvertreterrolle spielt. Auf diese Weise werden Schwarze Positionen und Widerstand unsichtbar gemacht und unterstellt, Schwarze bedürften eines Fürsprechers. Die Lokalisierung des *Rassen*denkens in der Figur von Theodor stellt gleichzeitig eine Reduktion des Problems dar. Die *Rassen*ideologie erscheint nicht als Problem der Masse der Gesellschaft, sondern lediglich als Relikt der Vergangenheit, dass im Denken einzelner Männer einer bestimmten Generation, die unter Hitler erwachsen geworden und vom Nationalsozialismus maßgeblich geprägt wurde, überlebt hat. Dass ein Großteil der deutschen Bevölkerung rassistisch und antisemitisch war, wird so ausgeblendet. Der Umgang mit der Vergangenheit wird in *Toxi* darauf reduziert, einzelne Menschen, die noch in der alten Ideologie verhaftet sind, eines Besseren belehren zu müssen.

In den 1050er-Jahren war es eine Seltenheit, dass das Thema *Rasse* offen thematisiert wurde, daher stellt Theodors Bemerkung, es gehe ihm um das »Rassenproblem« eine Besonderheit des Filmes dar.[229] Anhand des Films *Toxi* lässt sich jedoch aufzeigen, dass es durchaus möglich war, das Thema Nationalsozialismus anzusprechen, nicht nur dann, wenn es

> *»dem Zuschauer in klar identifizierbaren Gut-Böse-Konstellationen erscheint oder mithilfe deutlich aus der deutschen Nachkriegsgesellschaft herausgelösten Einzelfiguren zur Anormalität übersteigert dramatisiert wird«*[230],

wie Lars Koch vermutet. Beides ist in *Toxi* nicht der Fall; Theodor, der das rassistische Gedankengut des Nationalsozialismus nach wie vor vertritt, ist Teil einer glücklichen deutschen Familie, liebenswerter Fa-

»Ich sehe auch kein Problem.« Der Umgang von Susi und Ilse mit Toxi wird ebenfalls so dargestellt, dass weder Toxis Schwarzsein noch ihr eigenes Weißsein für sie irgendeine Bedeutung hat. Die Fortschrittlichkeit der neuen Generation, vertreten durch Robert, Herta, Ilse und Susi, beinhaltet diese farbenblinde Spielart des Rassismus, die ignoriert oder sogar leugnet, dass Hautfarbe überhaupt irgendeine Rolle spielt. Toxi hingegen merkt sehr wohl, dass sie als different wahrgenommen und anders behandelt wird. Sie fragt Großvater Rose: »Warum bin ich schwarz?« und sagt in einem Rollenspiel mit Ilse und Susi, dass es in ihrer Familie ein neues Kind gäbe und dass alle ganz erschüttert seien, »weil's ein Schwarzes ist!«

229 Vgl. Fehrenbach (2005b), S. 108.

230 Koch (2007), S. 93.

milienvater und entpuppt sich am Ende als zentrale Bezugsfigur sowohl für das Mädchen Toxi als auch für das Publikum.

Neben der Individualisierung der Rassenideologie ist für die vorliegende Analyse ein weiterer Aspekt besonders relevant. Der Film *Toxi* zeigt die diskursive Verschiebung des Themenkomplexes *Rasse* in der Nachkriegszeit auf. Die Debatten und Auseinandersetzung um ›Race‹ in den USA, die in Deutschland rezipiert wurden, ermöglichten es, das ›*Rassen*problem‹ nicht mehr als ein spezifisch deutsches Thema, sondern als US-Import zu behandeln. Dies führte dazu, dass »[...] Germans on both sides of the Cold War border increasingly internationalized – and *Westernized* – the race problem.«[231]

Der existierende Rassismus erschien vor diesem Hintergrund nicht mehr als ein deutsches Phänomen, sondern als typisch für moderne Demokratien. So konnte Deutschland das Thema ›Rassismus‹ gleichzeitig von der spezifischen deutschen Geschichte lösen und in einen universellen Kontext einbetten, der eine besondere deutsche Auseinandersetzung überflüssig machte. Das Thema *Rasse*, das die NS-Zeit geprägt hatte, konnte so vom Thema Jüdinnen und Juden und dem Genozid an ihnen hin zum aktuell relevanten Thema der ›Besatzungskinder‹ verschoben werden.

> *»Thus broadening the focus to the more general «race problem» permitted the displacement of Jewishness by blackness, past crimes by current concerns, and the issue of culpability by the practice of caregiving.«*[232].

Auch die Frage der Schuld an dem Völkermord an den europäischen Jüdinnen und Juden konnte durch den Umgang mit den neuen ›Fremden‹, der Fürsorge für die Schwarzen Kinder, überdeckt werden. Die Deutschen waren so nicht Täter_innen, sondern konnten durch Verantwortungsbereitschaft und Fürsorge ihre Fähigkeit im Umgang mit *Rassen*problemen unter Beweis stellen.

4.1.2 Heilung durch Begegnung mit dem Fremden

Die Begegnung mit dem Schwarzen Fremden kann bei Weißen Figuren in Literatur und Film einen Wandlungsprozess auslösen, der als Heilung oder Reinigung von moralischen Verfehlungen funktioniert.

[231] Chin, Fehrenbach (2009), S. 18.
[232] Fehrenbach (2001b), S. 173.

Dieses Motiv findet sich in den untersuchten Filmen am Beispiel des Nationalsozialismus, der als *Rassen*ideologie oder als losgelöste Schuld der Vergangenheit im Denken Einzelner überlebt hat und nun eine Blockade darstellt, welche eine individuelle wie kollektive Weiterentwicklung zum Positiven verhindert. Die Begegnung mit dem Fremden kann diese Blockade lösen und Individuum wie Kollektiv von der Vergangenheit heilen und befreien.

Im Film *Skandal um Dodo* (1958) symbolisieren die Baronesse Agathe von Pritzelwitz und ihr Bruder Professor Baldur zwei veraltete Gesellschaftsmodelle, die überwunden werden müssen, um eine glückliche Zukunft, symbolisiert durch die heterosexuelle, mittelständische Ehe zwischen Toni und Helga, einzuleiten. Das Glück ist in dem Moment erreicht, in dem *Rassismus* und Klassismus dem unverkrampften genüsslichen Konsum von internationalen Unterhaltungsshows weichen.

Während die Schwarze Figur Dodo während des ganzen Films einseitig und eindeutig bleibt, ist sie es, die Wandel bei den Weißen auslöst. Baldur gibt sich als Sittenwächter aus, schleicht sich aber gleich zu Beginn in die Sansi Bar, in der Dodo als leicht bekleidete Tänzerin auftritt. Er und ein Freund, die sich gegenseitig in der Bar überrascht haben, sind sich schnell einig: Sie leugnen ihr voyeuristisches Bedürfnis und geben vor, nur anwesend zu sein, um Beweise für die Lasterhaftigkeit der Show zu sammeln. Man »muss ein Opfer bringen«, um die Show juristisch angreifen zu können. Durch eine Bemerkung des Kellners wird klar, dass Baldur dieses Lokal regelmäßig aufsucht.

Er selbst nennt sich »Rassenforscher« und artikuliert seine rassistische Denkweise in verschiedenen Gesprächen. Als er und die Baronesse den zukünftigen Schwiegersohn Toni kennenlernen, hält die Baronesse für einen Moment Gustav Pietsch für den Grafen Pleitenstein. Baldur wirft ein, ihm wäre gleich klar gewesen, dass Herr Pietsch nicht Graf Pleitenstein sein könne:

> Professor: *»Sie müssen nämlich wissen, Herr Graf, ich bin Rassenforscher.«*
>
> Graf: *»Oh, interessant!«*
>
> Professor: *»Und als solcher fiel mir sofort der mongoloide Einschlag dieses runden, dicken Schädels auf. Dazu der stumpfe Gesichtsausdruck, die kurzen, leicht geschweiften Beine und die schlappen herabhängenden Ohren.«*

Pietsch: *»Sie machen ja einen Dackel aus mir!«*

Professor: *»Also das typische Beispiel des ostisch-negroiden Rassenmischlings. Rückfallserscheinungen zum Neandertaler.«*

Pietsch: *»Na erlauben Sie, ich bin doch keine Promenadenmischung.«*

Professor: *»Dagegen ist unser künftiger Neffe ein echter Adelsmensch.«*

Baronesse: *»Weißt Du Helga, gegen diese Wahl habe ich auch nichts einzuwenden. Das ist doch etwas anderes als dein Herr … ts! Weber.«*

Helga: *»Jawohl liebe Tante. Etwas ganz anderes!«*

Baronesse: *»Wollen wir uns nicht setzen?«*

Professor: *»Jetzt verstehst Du, liebe Agathe, warum ich so energisch für die absolute Reinhaltung unserer Herrenrasse eintrete. Entschuldigen Sie bitte, Herr … äh«* (deutet auf Pietsch)

Pietsch (ironisch): *»Bitte, bitte, ich bin mir meiner Minderwertigkeit vollkommen bewusst!«*

Professor Baldur von Dieringen vertritt in *Skandal um Dodo* bis zu seinem späten Wandel eine rassistische Haltung, die durch Begriffe wie »Rassenmischling« und »Herrenrasse«, »mongoloid« und »ostisch-negroid« als *Rassen*lehre des Nationalsozialismus identifiziert werden kann. Er glaubt nicht nur an die Existenz höher- und minderwertiger menschlicher *Rassen*, sondern er hat diese Theorie zu seinem Beruf gemacht. Zur Verlobung schenkt er Toni eines seiner Bücher mit dem Titel »Weißer Mann in Afrika«. Graf von Pleitenstein fragt nach.

Graf: *»Sie kennen Afrika wohl sehr gut, Herr Professor?«*

Professor: *»Ja, das kann man wohl sagen.«*

Graf: *»Und, äh … die schwarzen Frauen?«*

Professor: *»Oh bitte, Sie wissen doch sicher, was ich gestern Abend mit einer dieser … Schwarzen erleben musste.«*

Baronesse: *»Baldur, vergiss doch bitte diese Affäre.«*

Professor: *»Ich kann nicht! Schon der Gedanke an dieses Weib löst bei mir ein physisches Unbehagen aus.«*

Professor Baldur gibt die physische Reaktion, die eine halbnackte Schwarze Frau bei ihm auslöst, als Unbehagen aus, obwohl allzu deutlich geworden ist, dass er sich aus Lüsternheit in die Sansi Bar geschlichen hat. Er kann sich der erotischen Anziehung von Dodo selbst nicht entziehen, schon der Gedanke an sie führt zu einer körperlichen Reaktion, daher muss er, will er seines Körpers Herr werden, die Versuchung eliminieren. Sein Begehren erscheint ihm selbst als dermaßen unsittlich, dass er es nicht nur leugnet, sondern das Objekt seiner Begierde, Dodo, juristisch verfolgen und ihr Auftrittsverbot erteilen lässt. Er erscheint als gespaltene Persönlichkeit, gefangen in einem veralteten rassistischen Denken, das in der deutschen Nachkriegsgesellschaft keinen Platz mehr hat. Dodo durchschaut ihn schnell und fährt ihn an, als sie sich im Hause Pietsch begegnen:

Dodo: *»Ein Schmutzfink sind Sie, die Sorte kenne ich.«*

Professor: *»Erlauben Sie, wie können Sie überhaupt …«*

Dodo: *»Sie tun so wie wenn Sie wären blind, wenn Sie schöne nackte Frauen sehen, Sie halten die Hand vor die Augen, aber durch die Finger blinzeln Sie durch!«*

Toni und Pietsch hingegen leugnen die Anziehung, die Dodo auf sie ausübt, nicht. Tonis Affäre mit ihr wird als grundsätzlich akzeptabel und nachvollziehbar dargestellt, indem Pietsch gegenüber Helga Toni in Schutz nimmt. Pietsch selbst macht keinen Hehl daraus, dass ihm Dodos anzüglicher Tanz in seinem Wohnzimmer gefällt und er fordert sie auf, den Tanz zu wiederholen. Toni und Pietsch erscheinen als Vertreter einer jüngeren Generation, die die bewusste pauschale Abwertung und Ablehnung von ›Nicht-Arier_innen‹, also die nationalsozialistische *Rassen*ideologie, überwunden haben. Das bedeutet jedoch nicht, dass sie frei von Rassismus wären. Als Pietsch Toni von seiner neuen Funktion als Konsul des afrikanischen Staates »Negrovia«[233] erzählt: »Na ja weißt Du, diese Negrovianer, diese armen Teufel, haben so lange gebettelt, dass ich ihr Konsul werden soll, bis ich ja gesagt hab«. Pietsch und Toni artikulieren ihre Abneigung der Ansichten Professor Baldurs auch gegenüber Helga, die beim Frühstück dessen Verlobungsgeschenk, das Buch »Weißer Mann in Afrika«, findet.

Helga: *»Was ist denn das?«*

Toni: *»Das hat mir der Onkel Baldur geschenkt.«*

Pietsch: *»Der größte Mist, den ich je gelesen habe.«*

Helga (liest vor): *»Die Rassenkunde von Onkel Baldur.«*

Pietsch: *»Stinklangweilig.«*

Toni: *»Mhm.«*

Helga: *»Ein Jugendbildnis von meinem Onkel.«*

Helga (liest vor): *»Der Verfasser mit eingeborenem Mädchen.«*

Pietsch: *»Mhm, damals hat er noch ganz menschlich ausgesehen.«*

Über die Bemerkungen »der größte Mist, den ich je gelesen hab« und »stinklangweilig« macht Pietsch – und auch Toni, der ihm beipflichtet – deutlich, dass er diese *Rassen*theorie grundlegend und konsequent ablehnt. Der genervte Tonfall suggeriert, dass dies auch schon immer so war. Die Bemerkung, »damals hat er noch ganz menschlich ausgesehen«, drückt trotz des beiläufigen Tonfalls auch eine moralische Bewertung aus. Wenn Baldur auf dem Bild noch ganz menschlich ausgesehen hat, dann ist diese Menschlichkeit, die er vor 20 Jahren hatte, offenbar in der Zwischenzeit abhandengekommen. Sein fanatischer *Rassen*wahn hat ihn unmenschlich werden lassen, er hat »menschliche« Werte über Bord geworfen und andere, von Pietsch und Toni als negativ eingestufte Werte, übernommen. Kurz nach diesem Gespräch kehrt Dodo in das Haus von Gustav Pietsch zurück. Sie hat entgegen der Planungen den

233 Im Programmheft der Illustrierten Film-Bühne wird im Gegensatz zum Film von »Nigeria« gesprochen. Illustrierte Filmbühne: Skandal um Dodo 1958.

Grafen von Pleitenstein nicht geheiratet, denn der Graf ist nicht zur Trauung aufgetaucht. Die Haushälterin, Frau Wiedehopf (Trude Hesterberg), hat unterdessen in der ersten Etage des Hauses ein kleines Foto gefunden, welches sie Herrn Pietsch gibt. Dodo greift es mit den Worten: »Oh, das gehört meine Mami. Das ist die einzige Andenken, was sie von meine Papa hat«. Ihre Begleiterin Topsy[234], die sie als ihre Zofe ausgegeben hat, ist tatsächlich Dodos Mutter. Sie personifiziert den Typ der »kugelrunden, kulleräugigen Negermammy«[235]. Es handelt sich um dasselbe Bild wie in dem Foto in dem Buch – Professor Baldur mit einer Schwarzen Frau. Dodo erklärt auf Pietschs verwunderte Nachfrage, die beiden hätten sich nicht in Afrika, sondern auf einer Kolonialausstellung vor 20 Jahren in Deutschland kennengelernt. Baldur und die Baronesse treten ein. Pietsch zeigt Baldur das Bild.

Pietsch: *»Kennen Sie dieses Bild?«*

Baldur: *»Ja, das ist das gleiche wie in meinem Buch.«*

Pietsch: *»Das sind also Sie.«*

Baldur: *»Unzweifelhaft. Ich habe die Rassenunterschiede immer besonders gern am lebenden Objekt studiert.«*

Pietsch: *»In diesem Fall wohl besonders gründlich.«*

Baldur: *»Mit dieser jungen Person war es erst sehr schwer, mich zu verständigen.«*

Pietsch: *»Aber schließlich ist es Ihnen doch gelungen.«*

Baldur: *»Ja, ja. Aber … in allen Ehren natürlich.«*

234 Der Name ›Topsy‹ stammt ursprünglich aus dem Roman *Onkel Toms Hütte* von Harriet Beecher Stowe und hat als stereotype Bezeichnung für ein schmutziges, verwahrlostes und ›wildes‹ Sklavenmädchen Verbreitung gefunden. Vgl. David Pilgrim: The Picaninny Caricature. http://www.ferris.edu/jimcrow/picaninny/. Die Figur der Topsy in *Skandal in Dodo* erinnert allerdings eher an den stereotypen Sklaventypus der zufriedenen, fröhlichen Schwarzen Mammy. Vgl. David Pilgrim: The Mammy Caricature. http://www.ferris.edu/jimcrow/mammies/. Auch im Filmprogrammheft wird sie als »Negermammy Topsy« bezeichnet. Illustrierte Filmbühne: Skandal um Dodo 1958.

235 Illustrierte Filmbühne: Skandal um Dodo 1958.

Pietsch: »*Natürlich. Und eines Tages war das Kind da.*«

Baldur streitet die Vaterschaft ab und gibt sich empört angesichts dieser Vorhaltung. Daraufhin wird Dodos Mutter hereingeholt, welche sich, nachdem sie erfahren hat, wer da vor ihr steht, auf Baldur stürzt und ihn abknutscht. Baldur kann seine Vergangenheit nun nicht mehr leugnen. Die ganze Zeit hatte er Dodo fanatisch abgelehnt und erfährt nun, dass er ihr Vater ist und also selbst erst für ihre Existenz gesorgt hat. Dieser Einbruch der Realität bewirkt, dass sein ideologisches Rüstzeug in sich zusammenfällt und er Dodo plötzlich akzeptiert. Es ist zwar nicht seine erste Begegnung mit einer Schwarzen, aber diese führt zu einem Wesenswandel. Da sein rassistisches Denken als fieberhaft und krankhaft dargestellt wurde, ist dieser Wandel auch als eine Heilung von einer kranken und krankmachenden Denkweise zu verstehen. Das Fremde, was Baldur abgelehnt hat, wird als Teil seiner selbst, als seine eigene Tochter, entlarvt. Psychologisch betrachtet hat eine Abspaltung eines Teils von ihm stattgefunden, den er, um zu genesen, wieder als Teil von sich akzeptieren und integrieren muss. Baldurs Überwindung der *Rassen*ideologie führt zu seiner eigenen Stabilisierung und Normalisierung und steht sinnbildlich für die Überwindung der NS-Vergangenheit durch die deutsche Gesellschaft, die hier nicht als gesellschaftliches Erbe, sondern als individualisierte Krankheit erscheint. Ein Instrument in diesem Prozess ist die Akzeptanz von rassifizierten Anderen, hier in der Person der Dodo. Ihre Integration, wenn diese auch begrenzt ist, erscheint als Mittel, um die Wunden der Vergangenheit zu heilen und die Schuld wiedergutzumachen, die auf der deutschen Gesellschaft lastet.

Auch die Baronesse Agathe von Pritzelwitz durchlebt einen Wandel im Film und überwindet ihren Klassismus. Der zentrale Konflikt des Films dreht sich darum, dass sie der Ehe zwischen ihrer Nichte Helga und deren Verlobtem Anton Weber die Zustimmung verweigert, weil dieser bürgerlich ist. Sie wird wie ihr Bruder Professor Baldur als völlig überzogen, altmodisch und verkrampft dargestellt. Schon bevor Agathe das erste Mal auf der Leinwand erscheint, ist dem Publikum durch entsprechende Äußerungen von Helga, Toni und Gustav Pietsch klar, dass es sich um eine klassistische adlige Dame handelt, die im Denken der Kaiserzeit stehen geblieben ist und für eine strikte Trennung von Adel und Bürgertum plädiert. Den Glauben, der Adel stehe über dem Bürgertum, konterkariert der Film bereits dadurch, dass alle adligen Figuren im Film unsympathisch sind. Der bürgerliche, einfache Gustav Pietsch ist hingegen der Sympathieträger, der seine gesellschaftlichen

Aufstiegspläne zusammen mit seinem Titel als Konsul aufgibt, als er erkennt, dass die oberflächliche, verkrampfte Welt der Oberschicht nicht seine Welt ist.

Als Despotin der Familie herrscht Agathe irrational und steif über ihre Familie, insbesondere Helga. Helga und Toni, die sich über Standesgrenzen keine Gedanken machen wollen, präsentieren ein modernes, vereintes Deutschland, in dem nationale Einheit und die heterosexuelle Einheit von Mann und Frau in der Ehe wichtiger sind als die Standesherkunft, vor allem im Verhältnis von Bürgertum und Adel, aber auch in Bezug auf die Arbeiterklasse personifiziert durch die Hausangestellten im Hause Pietsch.[236] Analog zu diesen zwei Welten stehen auch die beiden gegensätzlichen Hausangestellten im Hause Pietsch im Widerstreit. Auf der einen Seite steht die langjährige Haushälterin Frau Wiedehopf, eine einfache, herzensgute Frau, die ihren Mann vermutlich im Krieg verloren hat und in Küchenschürze deftige Hausmannskost serviert. Auf der anderen Seite steht der neue Butler George, den Pietsch engagiert hat, um ihm gehobene Sitten beizubringen und edleres und gesünderes Essen zu servieren. George, immer adrett mit Fliege und Weste, nennt das Frühstück »breakfast«, spricht mit nasaler Stimme und wirkt wie ein abgehobener, durch britische Einflüsse arrogant gewordener Snob.

Agathes und Baldurs krankhafte Überzeugungen erinnern darüber hinaus an Richard Dyers These, dass Weißsein mit Tod in Verbindung steht.[237] Die beiden stehen für aussterbende Gesellschaftsmodelle – kaiserliche Monarchie und nationalsozialistischer *Rassen*staat – und auch sie selbst kranken an ihrem eigenen Weißen, exklusiven Denken. Im Gegensatz dazu sprüht Dodo vor Leben, sie strahlt Energie, Tatendrang und durch ihre sexuelle Präsenz auch potenzielle Fortpflanzung aus.

Die Vorurteile, die auf dem Weg zu Tonis und Helgas Glück überwunden werden müssen, bestehen also vor allem zwischen den Schichten innerhalb der Weißen deutschen Gesellschaft. Dabei erscheint die Tatsache, dass es Menschen gibt wie Dodo, denen selbst der Zugang zu einem bürgerlichen Leben verwehrt oder erschwert wird, als nicht speziell erwähnenswert. Dass Dodo aus der bürgerlichen deutschen Gesellschaft ausgeschlossen ist, wird bereits sprachlich daran deutlich, dass sie die ganze Zeit nur bei ihrem Spitznamen ›Dodo‹ genannt wird.

[236] Die Arbeiterklasse existiert in *Skandal um Dodo* nur in Form der Angestellten und Tänzer_innen der Sansi Bar und der Angestellten von Gustav Pietsch.

[237] Vgl. Dyer (1993), S. 157ff.

Ihr vollständiger Name Dorine Noiret wird erst erwähnt, als der Graf von Pleitenstein bekannt gibt, sie heiraten zu wollen. Die bevorstehende Eheschließung mit einem Weißen Mann kann sie potenziell zu einer bürgerlichen Person mit einem Nachnamen machen.

Obwohl Dodos Ausschluss aus der bürgerlichen Gesellschaft nicht ausdrücklich thematisiert wird, so machen doch die möglichen repressiven Maßnahmen gegen sie ihren Sonderstatus deutlich. Neben dem Auftrittsverbot wird ein weiteres Mittel angewandt, um Druck auf sie auszuüben: Um die Ehe seines Neffen Toni nicht durch Dodos Anwesenheit zu gefährden, erwirkt Pietsch einen Entzug ihrer Aufenthaltserlaubnis. Toni hat zwar Mitleid mit Dodo, ist aber auch nicht direkt dagegen. Einem Menschen die Lebensgrundlage und die Existenzberechtigung zu entziehen, nur um die eigene Ehe zu sichern, erscheint also als moralisch zulässiges Verhalten, zumal es von den beiden Identifikationsfiguren Pietsch und Toni ausgeht.

Die zentralen Konflikte im Film-Skandal um Dodo sind die Blockadehaltung der Baronesse Agathe von Pritzelwitz gegenüber der Heirat von Helga und Toni sowie die Blockadehaltung ihres Bruders Baldur von Dieringen gegenüber Dodos Auftritten als Tänzerin. Die Konfrontation mit Dodo führt bei beiden zu einem Gesinnungswandel, der sie von kaltherzigen, verklemmten ›Ewiggestrigen‹ zu offenen und fröhlichen Menschen macht. Die Akzeptanz von Dodo hat zusätzlich zur Folge, dass auch die Elemente des nationalsozialistischen Rassendenkens als Symbol der nationalsozialistischen Vergangenheit überwunden werden können.

Der Film *Die Helden sind müde* (1955) weist eine andere Form des heilenden Potenzials und der Veränderungskraft des Fremden auf. Hier ist es nicht *eine* zentrale Figur oder einschneidende Begegnung, die bei den Weißen Protagonisten Wandel auslöst. Vielmehr vollzieht sich die gesamte Filmhandlung vor dem Hintergrund des Fremden, denn der Film spielt in einem fiktiven afrikanischen Land. Kernbotschaft des Films ist ein Plädoyer für Frieden zwischen Deutschen und Franzosen, deren Erzfeindschaft trotz des Kriegsendes nicht überwunden ist. Mit dem Wissen um ein zerstörtes Europa bietet das Afrika des Films nun den fruchtbaren Boden, auf dem Deutsche und Franzosen ihre Feindschaft überwinden und nicht nur formaljuristischen, sondern auch persönlichen Frieden schließen können. Ein Faktor dafür ist sicher die geografische wie mentale Distanz zum Kriegsschauplatz, welcher in diesem Film als rein europäisch imaginiert wird. Gleichzeitig ermöglicht das fremde Afrika den Schulterschluss zwischen Deutschem und

Franzosen, da es als Code für essenzielle Differenz funktioniert. So erscheint die Differenz zwischen Deutschen und Franzosen im Vergleich zur Differenz zwischen Afrika und Europa als irrelevant; gibt es doch mehr, das sie eint, wie beispielsweise die erlebten Traumata des Krieges, als das sie trennt. Die Abgrenzung nach außen schafft so gleichzeitig Homogenität und Einheit nach innen.

Der Film *Die Helden sind müde* war als Antikriegsfilm[238] gedacht, indem er darstellt, dass alle unter den Folgen des Krieges leiden, insbesondere Deutsche und Franzosen als traditionelle Erzfeinde. Die Weißen Figuren Michel Rivière, François Séverin, Wolf Gerke, Olsen, Hermann, Manuella und Nina werden dabei als weitgehend gleichwertig dargestellt. Der Krieg erscheint als Schicksal, das über die Europäer_innen hereingebrochen ist und dessen Folgen sie jetzt gemeinsam tragen. Sie alle haben ihr ehemaliges Leben in Europa verloren und damit einen gesellschaftlichen Abstieg erlebt. Unglücklich und einsam leben sie nun irgendwo in Afrika als »gestrandete Existenzen«[239]. Vor dem Krieg war François Rechtsanwalt in Paris und kollaborierte mit den Deutschen, nun ist er ein alkoholabhängiger Hotelier. Manuella hat als Tochter eines südamerikanischen Konsuls in Grenoble gelebt. Nina hatte einen Friseursalon in Paris, fügt sich aber ihrem Schicksal: »Und jetzt, jetzt bin ich hier. Friseursalon für Damen. Wissen Sie, die Arbeit ist gar nicht so furchtbar schwierig. Ich mach ihnen ihr Kraushaar glatt und dann freuen sie sich wie die Kinder.« Hermann war Politiker in Deutschland, Wolf Gerke und Michel Rivière waren Jagdflieger. Der Film ignoriert die Frage, wie es zum Zweiten Weltkrieg gekommen ist und warum er so zerstörerisch war. Der Überfall Deutschlands auf fast ganz Europa, die Shoah und der Porrajmos, der Vernichtungskrieg gegen die Sowjetunion finden sämtlich keinerlei Erwähnung. Völlig ausgeblendet wird weiterhin, dass der Zweite Weltkrieg auch in afrikanischen Ländern und anderen (ehemaligen) Kolonien stattgefunden hat und dass auch Schwarze aus Afrika, den USA und Europa als Soldaten im Zweiten Weltkrieg gekämpft haben.[240] Stattdessen träumen Gerke und Michel von ihrer heroischen Zeit als Jagdflieger und stellen ergriffen fest, dass sie sogar in der gleichen Schlacht gekämpft haben. In der Logik des Films haben es gerade die Deutschen besonders schwer, denn sie haben keine

238 Vgl. Baer (2006), S. 156.

239 Das neue Filmprogramm: Die Helden sind müde 1955.

240 Vgl. Recherche International e. V. (Hrsg.): ›Unsere Opfer zählen nicht‹. Die Dritte Welt im Zweiten Weltkrieg, Berlin / Hamburg 2012.

Heimat und keine Arbeit mehr und ihr Vaterland hat seinen glorreichen Ruhm verloren. Statt die gesellschaftlichen Verhältnisse in den Blick zu nehmen, wird die Geschichte über individuelle Schicksale erzählt. Hake hat auf die »Verlagerung des Blickwinkels vom Gesellschaftlichen aufs Individuelle hingewiesen«[241], der es ermöglicht, alle Deutschen, die nicht dezidiert als Täter zu identifizieren sind, als Opfer zu betrachten, die unter Krieg und Diktatur zu leiden hatten. Diese Perspektive setzt die Deutschen als Kollektiv in die Opferrolle und ermöglicht die Identifikation mit ihnen. Als Gerke und Hermann gerührt feststellen, dass sie beide deutsch sind, sinniert Hermann wehmütig: »Es ist nicht immer leicht, Deutscher zu sein«, und Gerke ergänzt verbittert: »Ja, es gibt sogar Leute, die gar nicht mehr wissen, was das eigentlich ist: Deutschland …«. Der Ruhm, um den Gerke offensichtlich trauert, ist der eines mächtigen und überlegenen Deutschlands, der anderen Menschen Respekt einflößt, den er hier in dieser afrikanischen Stadt nicht erfährt. In *Die Helden sind müde* erscheinen die Deutschen als die Hauptopfer von Krieg und faschistischer Diktatur. Diese Darstellungsweise ist typisch für die Filme der Nachkriegszeit, Lars Koch hält fest:

> *»Der deutsche Faschismus in seinen historischen Wurzeln, der rassenideologisch legitimierte Krieg und die Judenvernichtung als seine logischen Konsequenzen, werden, wenn überhaupt, nur als Bruchstücke individueller Biografien und privater Rückschläge erzählt, als Widernisse somit, wie sie in jenen Tagen jeder Deutsche erleben musste.«* [242]

Der Kommentar »es gibt sogar Leute, die gar nicht mehr wissen, was das eigentlich ist: Deutschland …« lässt sich allerdings auch als Kritik an dem Besatzungsstatut lesen, unter dem Deutschland bis 1955 stand. Die Resouveränisierung ist für Männlichkeiten in der Krise stets ein wichtiges Ziel und kann hier als metaphorisches Streben nach Handlungsfreiheit, Selbstbestimmung und Macht interpretiert werden. Auch wenn *Die Helden sind müde* als Antikriegsfilm konzipiert ist, bestärkt er die Geschichtsinterpretation, die den Nationalsozialismus auf den Krieg reduziert und die Deutschen mit den Opfern anderer Nationen gleichsetzt. Denn ebenso wie in vielen Kriegsfilmen der Nachkriegszeit wird auch hier der historische Entstehungshintergrund losgelöst und die Kriegszeit als individuelles Abenteuer oder Leid gezeigt. Der Fo-

241 Hake (2004), S. 167.
242 Koch (2007), S. 94.

kus auf Einzelpersonen ermöglicht es darüber hinaus, Erfahrungen in abgewandelter Form zur Sprache zu bringen, die sonst verdrängt oder kollektiv verschwiegen wurden. Die permanente Darstellung des guten Soldaten bedeutete eine psychische Entlastung und verlieh Kriegserlebnissen, die voller Leid, Tod und Sinnlosigkeit gewesen waren, im Nachhinein einen Sinn.[243] In *Die Helden sind müde* wird die Zuschreibung von Sinn verschoben: Nicht das individuelle soldatische Heldentum, sondern vielmehr der folgende Frieden, vor allem zwischen Deutschen und Franzosen, erscheint hier als nachträglicher Sinn des Krieges.

Die geschichtsrevisionistische Darstellung wird dadurch verstärkt, dass die Schwarze Elite von Free City[244] als Gewinnerin der Geschichte gezeigt wird. Diese Schwarzen haben Bildung und Erziehung in den USA und Europa genossen, kleiden sich schick nach europäischem Stil und gehen westlichen Vergnügungen nach, wie eine Einblendung im Vorspann erläutert:

> *»Dieser Film spielt in einer der jungen und unabhängigen Negerrepubliken Afrikas. Eine Elite von Schwarzen im Ausland erzogen und ausgebildet, hat dort Sprache und Gebräuche eingeführt, die sich von den afrikanischen Sitten wesentlich unterscheiden. Dennoch haben diese Länder den grössten Teil ihrer Tradition erhalten.«*

Die Differenzierung zwischen ausländischer Erziehung und afrikanischen Sitten ist insofern relevant, als dass es im Film neben den westlichen Schwarzen auch noch als ›wild‹ und ›primitiv‹ inszenierte Schwarze gibt. Der Aufschwung der westlichen Gesellschaften wird in *Die Helden sind müde* auf die afrikanische Gesellschaft projiziert, während andersherum nicht die Schwarze Bevölkerung nach jahrhundertelanger Unterdrückung, Versklavung und Kolonisierung als Opfer dargestellt wird, sondern die Europäer_innen, insbesondere die Deutschen.

Die dramatische Handlung des Films als Prozess der Heilung von Hass und Feindschaft findet ihren symbolischen Ausdruck im Ort des Hotels. Hotels als Durchgangsorte symbolisieren ähnlich wie Bahnhöfe, Schiffe, Flughäfen und Reisen die Möglichkeit zur Veränderung. Um den Friedensschluss als Heilung von Hass und Feindschaft zu er-

243 Vgl. Koch (2007), S. 97.

244 Die Namensschöpfung »Free City« erinnert an Städtenamen wie Freetown in Sierra Leone oder Libreville in Gabun.

möglichen, müssen zuvor allerdings die krankhaften Teile der Identität und der Vergangenheit abgetrennt werden. Keine Figur im Film wird durchweg als negativ dargestellt. François allerdings übernimmt mit seinen Äußerungen die Rolle des durchgeknallten Schlägers, des Trunkenbolds, und vor allem: des Antisemiten und Rassisten. Gleich zu Beginn, als Michel in das Hotel kommt, erklärt einer von François' Angestellten dessen Zorn auf den Schwarzen Sidney: »Unser Chef hat 'ne gute Verdauung, in Frankreich hat der die Juden gefressen, hier frisst er die Neger«. Im Gegensatz zu dieser verbalen Charakterisierung François' wird der ehemalige deutsche Politiker Hermann als harmloser Zeitgenosse präsentiert – obwohl seine Anwesenheit an diesem Ort zu dieser Zeit dafür spricht, dass er ein ehemaliger NS-Funktionär ist, der 1945 unerkannt aus Deutschland fliehen konnte. Die Teile der deutschen Identität und Vergangenheit, die als problematisch für den Aufbau eines neuen, modernen und friedlichen Europa betrachtet werden, nämlich Rassismus und Antisemitismus, werden in *Die Helden sind müde* auf den französischen Hotelbesitzer François projiziert. Der endgültige Friedensschluss, symbolisiert durch die letzte Szene, in der Michel und Gerke gemeinsam die Straße hinab und einer gemeinsamen Zukunft entgegengehen, kann erst geschehen, nachdem François tot ist. In der letzten Sequenz des Films erkennt François, dass er einer Vergangenheit hinterhertrauert, die nicht mehr zurückzubringen ist, und bringt sich selbst und seine Frau Manuella um. Sein Tod ersetzt die Auseinandersetzung mit der Vergangenheit, denn die störenden Elemente Antisemitismus und Rassismus sterben mit ihm als Person. Für Michel und Gerke bedeutet François' Tod eine Heilung von der Vergangenheit, sodass sie sich nun unbelastet ein neues Leben aufbauen können.

In dem Film *Die Helden sind müde* wird der Friedensschluss zwischen Franzosen und Deutschen inszeniert, die als ebenbürtige Opfer des Zweiten Weltkrieges präsentiert werden. Der Film negiert nicht nur die deutsche Verantwortung für Krieg und Genozide, sondern interpretiert Rassismus und Antisemitismus als gesamteuropäisches Problem. Das zerstörte Europa erscheint als Gegensatz zum aufstrebenden Afrika, vor dessen Hintergrund sich der Schulterschluss der Weißen vollzieht. Der Film transportiert die Botschaft, dass den Weißen Männern neue Herausforderungen bevorstehen, die sie gemeinsam bewältigen müssen. Der Bezug auf antikoloniale Bestrebungen und Unabhängigkeitskämpfe in Afrika in der deutsch-französischen Koproduktion *Die Helden sind müde* stellt eine Besonderheit dar. Denn dieses Thema war spätestens seit Beginn des algerischen Unabhängigkeitskrieges 1954 gerade im französischen Kontext relevant und findet in den hier untersuchten deutschen und österreichischen Filmen keinen Niederschlag.

Der Film *Mein Bruder Josua* (1956) zeigt die Heilung eines deutschen Dorfes von Hass und Schuld der Vergangenheit, die durch die Anwesenheit und Moral eines Schwarzen US-amerikanischen GIs ausgelöst wird. Regisseur Hans Deppe beabsichtigte, mit dem Mittel des Films auf ein gutes Verhältnis zwischen US-amerikanischen Soldaten und der deutschen Bevölkerung hinzuwirken und zu zeigen, »daß es unter allen Völkern gute Menschen gibt«[245]. Laut einem SPIEGEL-Artikel vom Oktober 1956 wurde der Film »aller psychologischen Schattierungen beraubt« und löste »lediglich Lachsalven«[246] aus. Vordergründig handelt der Film vom Protagonisten Mathias Bruckner, der nach einem langen Gefängnisaufenthalt in sein Heimatdorf zurückkehrt und dort auf die Feindschaft seiner Nachbar_innen stößt. Zentrales Thema des Films ist die Schuld der Dorfbevölkerung, die gerade im Kontrast zum hilfsbereiten GI Josua zutage tritt. Josuas Hilfsaktion bei der Ernte ist es schließlich, welche einen Wandel bei der Dorfbevölkerung bewirkt.

Die Handlung setzt am Tag von Mathias' Rückkehr ein, an dem auch Mathias und der Schwarze GI Josua Washington Stone sich kennenlernen. Der Bauer Mathias ist vor 18 Jahren, also 1938, ins Gefängnis gekommen, weil er fälschlicherweise wegen Mordes an seiner Frau verurteilt wurde. Nun, im Jahre 1956, sind Krieg und Diktatur bereits seit über einem Jahrzehnt vorüber. Themen wie Krieg und Nationalsozialismus können so, zumindest was einen direkten Bezug angeht, förmlich übersprungen werden. Franziska Donath, Mathias' kaltherzige Schwägerin, hat in der Zwischenzeit den Hof übernommen und auch Mathias' Tochter Lena auf ihre Seite gezogen, die zu ihm sagt: »Ich will Dich meinen Vater nicht nennen!« Franziska ist die Einzige, die weiß, dass es sich nicht um Mord handelte, sondern um die von ihrer Schwester selbst erbetene Sterbehilfe. Doch sie war es, die mit ihrer Aussage Mathias ins Gefängnis gebracht hat und alles daransetzt, den Hof behalten zu können. Ihr Mann weiß von ihrem Meineid und findet ihr Verhalten falsch, Mathias kein Zimmer zu geben: »Wir dürfen uns nicht so ins Unrecht setzen.« Er hält zwar zu seiner Frau, aber seine Aussagen machen deutlich, dass es hier nicht um einen beiderseitigen Streit zwischen Franziska und Mathias geht, sondern dass Franziska allein die

245 DER SPIEGEL: Mein Bruder Josua (Deutschland), in: DER SPIEGEL 1956 (17.10.1956).

246 Ebd.

Bösartige ist: »Du schreckst vor nichts zurück, wenn Du etwas haben willst.« Als Mathias auf seinen Hof zurückkehrt, sitzen alle am Tisch. Alle tragen helle Kleidung, nur Franziska trägt schwarz und eine andere Frau trägt rot. Mathias verbringt die erste Nacht im Stall, wo eine Kuh ein Kalb gebärt. Als Franziska, der Großknecht und Lena in den Stall kommen, hat Mathias das Kalb »schon geholt«. Er ist offensichtlich ein talentierter Bauer, der zur Stelle ist, wenn seine Tiere ihn brauchen. Er verkörpert damit den Typus des tüchtigen, ehrlichen deutschen Bauers. Außerdem ist er hier auch derjenige, dessen Anwesenheit sich positiv auf die Fortpflanzung auswirkt, ähnlich wie Edith, die Ärztin in *Unser Haus in Kamerun*.

Der gutmütige, harmlose GI Josua Washington Stone ist neben Pfarrer und Bürgermeister der einzige, der freundlich zu ihm ist. Als Franziska versucht, den Pfarrer auf ihre Seite zu ziehen, entgegnet dieser:

> *»Nein, Frau Donath. Wenn schon die weltlichen Behörden Mathias Bruckner begnadigt haben, dürfen doch wir Christen ihm erst recht nicht unsere brüderliche Gemeinschaft versagen.«*

Und auch der Bürgermeister legt ihr nahe, ihr Verhalten zu verändern: »Wie die Dinge liegen ist es besser, Du einigst Dich mit deinem Schwager.« Während die Autoritätspersonen des Dorfes, Bürgermeister und Pfarrer, ehrenhaft bleiben und sich an den Intrigen nicht beteiligen, wird die Dorfbevölkerung von Franziska Donath gegen Mathias aufgehetzt. Die Leute grüßen ihn nicht, sabotieren seine Landmaschinen und Werkzeuge, weigern sich, für ihn zu arbeiten, und selbst seine Tochter Lena weist ihren Vater zurück. Das Verhalten der Dorfbevölkerung und der Donaths wird vom Pfarrer ausdrücklich missbilligt. Bevor er von der Kanzel seine Predigt hält, empört er sich:

> *»Wie könnt ihr einen, der zu uns zurückgefunden hat und der den Frieden sucht, aus dem Haus des Herren vertreiben. Schämt ihr Euch nicht, Euren falschen Hochmut, Eure Selbstgerechtigkeit, hier im Angesicht Gottes zu zeigen. Im ersten Brief Johannes Kapitel vier steht geschrieben: So einer spricht: «Ich liebe Gott», und hasset seinen Bruder, der ist ein Lügner. Denn wer seinen Bruder nicht liebt, den er sieht, wie kann er Gott lieben, den er nicht sieht? Und dies Gebot haben wir von ihm, dass wer Gott liebt, dass der auch seinen Bruder liebe. Aber was ich eben hier erleben musste, war weitab von jeder Bruderliebe. Ich bin enttäuscht und schwer erschüttert!«*

Das Urteil des sympathisch gezeichneten Pfarrers als christlicher Moralinstanz ist eindeutig. Das Verhalten der Bevölkerung ist unchristlich und gottlos, das Dorf macht sich mit seinem Verhalten schuldig. Nachdem Mathias mit Steinen aus dem Dorf gejagt wurde und dann von Josua gerettet und versorgt wurde, geht Josua vorbei an einer Gruppe angeführt von Franziska, Hans und Joseph. Die Schuld im Angesicht Gottes hat die Sünder alle schwarz vor Schuld werden lassen, wie sich in ihrer schwarzen Kleidung ausdrückt. Josua grüßt, sie grüßen nicht zurück, bleiben aber stehen und blicken im nach. Hans sagt in mehrdeutigem Tonfall: »Wenn der nicht wär, hätten sie ihn vielleicht gesteinigt.«

Josua ist von Anfang an das Gegenbild zur gehässigen Dorfbevölkerung. Ein Filmprogramm von 1956 schreibt:

> *»Nur ein einziger empört sich gegen diese Unmenschlichkeit: Josua, ein dunkelhäutiger Amerikaner, Angehöriger einer im Nachbarort stationierten Truppe. Er bietet Mathias Freundschaft und Hilfe an.«*

Josua ist immer freundlich, lacht viel, bringt der Kellnerin Hildegard Geschenke und unterstützt Mathias. Seine beige Uniform ist sehr hell. Einmal kümmert er sich um das Baby im Kinderwagen, damit die große Schwester spielen gehen kann. Letztlich schläft das Kind durch seinen Gesang ein. Er singt während des Films mehrere Lieder, wovon der Wirt genervt ist: »Dass die immer singen müssen!« Josua ist harmlos und gutmütig, beinahe dümmlich. Unerklärlicherweise verhält er sich ab und an gegenüber Hildegard, an der er romantisch interessiert ist, aufdringlich und teilweise respektlos. Er ist sehr eifersüchtig und ihm rutscht sogar heraus, er würde sie vielleicht umbringen, wenn sie einen anderen Mann liebt. Diese paradoxe Figurenzeichnung ist nur mithilfe von rassistischen Stereotypen zu erklären, die Schwarze Männer als intellektuell unterbegabt und gegenüber Weißen Frauen übergriffig darstellen.

Josua schenkt den Kindern des Dorfes bei jeder sich bietenden Gelegenheit Schokolade. Er verteilt beides gleichermaßen, seinen Frohsinn und seine Schokolade. Indem die Kinder des Dorfes die Schokolade essen, die als typisch US-amerikanisches Produkt galt, konsumieren sie auch einen Teil der anderen Kultur. Diese Einverleibung des Fremden kann als Teil des Prozesses der Verinnerlichung der zugehörigen Werte gelesen werden. Diese Werte erscheinen nicht als undeutsch, doch die deutsche Dorfbevölkerung scheint sie aufgrund der traurigen Vergangenheit verloren zu haben. Der Kontakt mit dem Fremden, dem

Menschen und dem Produkt, ermöglicht ihnen nun, nach und nach zu ihrem christlichen Weltbild zurückzukehren. Während also die Veränderung der Einstellung der Bevölkerung mit dem Schokoladenkonsum der Kinder schon früh angestoßen wird, vollzieht sich der entscheidende Wandel in dem Moment, in dem die eigene Unmenschlichkeit sichtbar wird. Als Mathias vor Erschöpfung auf seinem Feld zusammenbricht, ist Josua zur Stelle, um ihn zu versorgen. Mathias will an diesem Punkt aufgeben, da er den Hof nicht allein bewirtschaften kann. Doch Josua hat eine Idee. Am nächsten Tag fahren mehrere US-Jeeps auf den Brucknerhof. Etwa 50 Schwarze und Weiße GIs sind an ihrem freien Tag gekommen, um Mathias bei der Ernte zu helfen. Wir sehen sie auf dem Feld ackern, ganz vorne eine Reihe Schwarzer Männer mit nacktem Oberkörper, die in der gleißenden Sonne das Feld sensen und singen. Diese Einstellung knüpft an romantisierende Darstellungen von Sklavenarbeit auf amerikanischen Plantagen an, in denen Schwarze fröhlich singend die Felder ihrer Herren bestellen. Die restliche Dorfbevölkerung, die das Treiben bemerkt hat, sammelt sich; auch die Donaths werden herbeigerufen.

> Franziska (aufgebracht): *»Wie kommen die überhaupt dazu, ihm zu helfen?«*
>
> Bürgermeister: *»Weil Du ihm nicht geholfen hast, obwohl's dein Schwager ist!«*
>
> Bürgermeister (lässt sein Fahrrad fallen): *»Also ich will mich von denen nicht beschämen lassen. Ich mach mit! Und ihr? Vom Brucknerhof? Ihr solltet eigentlich auch helfen! Und auch ihr anderen! Ihr solltet Euch von denen da nichts vormachen lassen!«*

Alle bis auf die drei Donaths gehen hinüber zu Mathias' Feld und packen mit an. Selbst Christoph, bei dem Lena untergekommen ist, geht mit seinen Arbeiter_innen hin, nur Lena will nicht. Die besondere moralische Leistung der GIs, die an ihrem freien Tag einem Fremden, der in Not ist, selbstlos helfen, führt das Dorf sich selbst vor. Im Angesicht des deutlich zutage tretenden moralischen Gefälles zwischen ihnen und den Soldaten, erkennen sie, die doch eigentlich keine schlechten Menschen sind, ihr eigenes Fehlverhalten:

> *»Verhetzung und Boykott des ganzen Dorfes gegen den ›Zuchthäusler‹ werden erst durch Josua gebrochen, der mit den Kame-*

raden seiner Truppe anrückt, um Schulter an Schulter mit Mathias die Ernte zu retten. Beschämt durch dieses Beispiel wahrer Nächstenliebe erkennen die Dorfbewohner, daß sie einen unschuldig Geächteten an den Rand der Verzweiflung getrieben haben. Einer nach dem anderen reicht Mathias die Hand zur Versöhnung. Das Gebot der Nächstenliebe siegt über Intrige und Verachtung.«[247]

Der Sieg der christlichen Nächstenliebe wird durch die Kirchenglocken hörbar, die ertönen, nachdem die gesamte Ernte eingefahren ist: Gott ist ins Dorf zurückgekehrt.

Franziska, Joseph und Hans treten geschlagen den Heimweg an, sie leben nun in ärmlichen Verhältnissen bei Josephs Mutter. Doch nun ist auch Hans wütend auf seine Mutter, denn eigentlich wollte er gar nicht Bauer werden:

> Hans: *»Mein ganzes Leben hast Du mir verpfuscht mit Deinem Blödsinn, dass ich Bauer werden soll …«*
>
> Franziska: *»Was? Dein ganzes Leben hab ich Dir verpfuscht?«*
>
> Hans: *»Meinst Du nicht? Ich hab mir so sehr gewünscht, aufs Technikum zu gehen, aber nein, ich musste ja den Bauern spielen, nur weil Du Rosinen im Kopf hattest.«*
>
> Franziska (fasst ihn am Arm): *»Ich hab doch nur Dein Bestes gewollt.«*
>
> Hans (macht sich los): *»Und was hast Du erreicht? Dass ich jetzt Steine klopfen gehen kann. Sonst hab ich ja nichts gelernt!«*
>
> Franziska: *»Ist denn alles gegen mich? Hab ich denn alles falsch gemacht in meinem Leben?«*
>
> Schwiegermutter: *»Ja, das hast Du. Du wolltest immer zu viel.«*
>
> Joseph: *»Ja, das stimmt.«*

Es stellt sich heraus, dass Franziskas Verhalten selbst in Bezug auf ihren Sohn rein egoistisch war. Ihre Habgier und ihr Hass haben letztlich ihre

247 Illustrierte Filmbühne: Mein Bruder Josua 1956.

eigene Familie nicht nur in den moralischen, sondern auch in den finanziellen Ruin getrieben. Dass Hans gar kein Bauer werden wollte, passt zur Bewertung von bäuerlicher Arbeit als besonders echt und ehrlich, die auch nur ehrliche Menschen tun sollten.

Josua geht am selben Abend zum Wirtshaus, um Hildegard zu besuchen. Er ruft von draußen nach Hildegard, die gerade, so zeigt ein Schnitt ins Innere des Wirtshauses, von Hans geküsst wird.

> Hans: *»Das ist doch der Josua. Ich lass Dich nicht raus zu dem Kerl!«*
>
> Hildegard: *»Sei vernünftig Hans, ich muss bedienen!«*
>
> (Hildegard bringt den anderen Gästen draußen Bier, ignoriert aber Josua, der ihr eine Kette mitgebracht hat. Als sie wieder hinein geht, läuft er hinterher.)
>
> Josua: *»Hildegard, was ist los?«*
>
> Hildegard: *»Lass mich zufrieden.«*
>
> Josua: *»Warum siehst du mich nicht an? Ich habe etwas für Dich.«*
>
> Hildegard (schiebt ihn beiseite): *»Ach schenk's wem Du willst, ich hab keine Zeit für Dich!«*
>
> Josua: *»Hildegard, Du musst mir sagen, warum Du böse bist!«*
>
> Hans tritt hinzu: *»Was gibst Du Dich mit dem da ab, geh rein!«*
>
> Hildegard: *»Was kann ich dafür, wenn der mir nachläuft?«*
>
> Josua: *»Hildegard!«*
>
> Hans: *»Lass sie zufrieden, sonst kriegst Du's mit mir zu tun!«*
>
> Josua: *»Who's that soul? Ich verstehe, Du willst Hildegard für Dich! Oh no, never!« (Er holt aus)*
>
> Hildegard: *»Halt, ich bitte Dich!«*

Hans (stößt Hildegard beiseite): *»Mit dem werd ich alleine fertig!«*

Hildegard schreit und stürzt die Treppe hinab.

Josua: *»HILDEGARD!«* (er läuft hinunter)

Der Wirt (kommt hinzu): *»Ist sie runtergefallen?«*

Ein anderer Mann: *»Was ist denn los?«*

Hans: *»Er hat sie hinuntergestoßen, der Lump! Weil sie nichts von ihm wissen wollte!«*

Ein Mann: *»Um Gottes Willen!«*

Josua (unten bei Hildegard): *»She's dead.«*

Der Wirt: *»Tot? Das glaube ich nicht!«*

Hans' Aussage, dass Josua Hildegard die Treppe hinuntergeschubst habe, führt zu Josuas Festnahme durch die amerikanische Militärpolizei. Durch einen Versprecher seines Sohnes erfährt Joseph, dass sein Sohn – wie bereits vor 18 Jahren seine Frau Franziska – eine Falschaussage gemacht hat. Er hat seiner Frau stets Treue und Loyalität gehalten, doch als im Dorf das Gerücht umgeht, Josua drohe die Todesstrafe, bezwingt ihn sein Gewissen und er zeigt seinen eigenen Sohn an. Diese Retardation der dramatischen Handlung des Films erklärt sich nicht von selbst. Eine mögliche Interpretation ist, dass nicht nur die Dorfbevölkerung als Masse, sondern auch noch eine Einzelperson als Identifikationsfigur die moralische Wandlung darstellen muss. Zudem übersteigt Josephs Verhalten die Moral der Anderen noch zweifach, denn sie betrifft einen Fremden und wendet sich gegen den eigenen Sohn.

Der Film *Mein Bruder Josua* zeigt die Heilung eines Dorfes von der Schuld der Vergangenheit, die auf ihm lastete. Diese Schuld äußert sich in Hass, Bösartigkeit und Gewalt gegenüber einem unschuldigen Weißen Mann. Die Zeit des Nationalsozialismus wird in der im Film erzählten Geschichte explizit übersprungen, doch kann die Überwindung der Vergangenheit auch als Metapher für die Überwindung des Nationalsozialismus gelesen werden. Auslöser für diesen Wandel ist der integre Schwarze Josua, dessen Gutmütigkeit und Hilfsbereitschaft dem Dorf einen Spiegel vorhält. Durch die Anwesenheit dieses Fremden ist es der Dorfbevölkerung möglich, sich von der Vergangenheit zu lösen und die personifizierte Vergangenheit Franziska Donath aus der Gemeinschaft auszuschließen. In der letzten Sequenz gelingt auch Franziskas Mann Joseph durch die Trennung vom schuldbehafteten Sohn die Überwindung der Schuld der Vergangenheit.

4.1.3 Heilung durch Integration

Die Begegnung mit dem Schwarzen Fremden kann, wie im vorigen Kapitel ausgeführt, einen Prozess der Heilung und Reinigung in Gang setzen, an dessen Ende das geläuterte Weiße Subjekt steht. Eine Variante dieser Begegnung beinhaltet nicht nur den Kontakt, sondern die Integration des Fremden. In diesem Fall benötigt der Heilungsprozess beispielsweise die Einverleibung durch Konsum. Das Fremde erscheint so im Allgemeinen als etwas, das Weiße konsumieren können und im Besonderen als Medizin für Weiße, die sie von Krankheiten oder Schuld, beispielsweise der Vergangenheit, heilen kann.

Dieses Motiv findet sich in dem Film *Toxi*, dessen Spannungsbogen in der Frage liegt: Wird es der Weißen deutschen Familie gelingen, das Schwarze Kind zu integrieren? Diese Frage ist metaphorisch gemeint, steht doch die Familie Rose / Jenrich für die Weiße deutsche Gesellschaft und Toxi für alle Schwarzen ›Besatzungskinder‹[248]. Ein erster Schritt, um Toxis Integration vorzubereiten, ist ihre Loslösung von der Mutter, die unerklärlich tot ist. Damit wird »das Kind vom Makel vergangener Traumata militärischer wie auch moralischer Natur«[249] entlastet und das Publikum kann »die historischen Umstände der Zeugung«[250] vergessen und sich stattdessen auf das Schicksal des nun völlig geschichtslosen Kindes einlassen.

Die Beziehung zwischen Theodor und Toxi ist diejenige, die den zentralen Konflikt des Films vorantreibt und ihn letztlich auch löst. Dass Theodor und Toxi das zentrale Vater-Kind-Paar sind, findet sich,

[248] Schon in der Vermarktung des Films wird eine Verbindung zwischen der Rolle der Toxi und der Schwarzen Schauspielerin Elfriede Fiegert gezogen, deren Vater afroamerikanischer Soldat war und deren Mutter sie in ein Heim gegeben hatte, von wo aus sie von den Fiegerts adoptiert wurde. Vgl. Fehrenbach (2001a), S. 192. Weiterhin wurde in der Folgezeit der Name Toxi oft synonym für ›Schwarzes Besatzungskind‹ verwendet. Vgl. Lemke Muniz de Faria (2002), S. 177.

[249] Fehrenbach (2001a), S. 192.

[250] Ebd.

abgesehen von der Alliteration, nach Figge auch darin wieder, »dass der Name Toxi die Assoziation mit Gift hervorruft, während Theodor durch seinen Beruf als Pharmazeut prädestiniert ist, mit einer solchen Substanz umzugehen.«[251] Nicht Toxi, sondern Theodor, der Weiße, deutsche, heterosexuelle Mann ist derjenige, um den sich der Film dreht, der eine Wandlung durchmacht, er ist also der eigentliche Protagonist des Films. Toxi, die Theodors Abneigung, die er hinter ihrem Rücken ausdrückt, überhaupt nicht zu bemerken scheint, betet eines Abends sogar dafür, dass Theodors Rückenprobleme endlich aufhörten: »Lieber Himmelvater, mach, dass der Onkel Theodor keinen Hexenschuss mehr hat, damit es ihm nicht mehr so weh tut.« Hier deutet sich schon an, dass Toxi womöglich nicht das Gift, sondern die Medizin für Theodor bedeuten kann.[252] Theodor, der dies mithört, verunsichert Toxis kindliche Naivität und ihr Wohlwollen. Die Konflikte, die Toxis Anwesenheit in Theodor und der Familie auslösen, übertragen sich schließlich auch auf Gustav, der aufgrund von Theodors dogmatischem Rassismus einen Zusammenbruch erleidet und schließlich zustimmt, sie wegzugeben.

Figge bietet eine interessante Interpretation der Bäckerei-Sequenz an, der ich folgen möchte. Auf dem Weg zum Kinderheim fällt Toxi auf, dass sie vergessen haben, zu frühstücken. Theodor kehrt mit Toxi in eine Bäckerei namens ›Zur süßen Ecke‹, die auf Toxis ›Süße‹ anspielt, ein und sein Hexenschuss verschwindet, kaum lassen sie sich nieder. Dies ist also ein erster Hinweis, dass eigentlich seine Härte Grund für seinen Hexenschuss war. Toxi empfindet diesen Tag als besonders schön. Da sie ihren eigentlichen Geburtstag nicht kennt, und Herta ihr gesagt hat, sie darf sich einen aussuchen, wählt sie diesen. »Indem Toxi also diesen Tag zu ihrem Geburtstag erklärt, stellt sie eine Wahlverwandtschaft her. Er wird zum Ersatzvater.«[253] Theodor ist mit der Situation überfordert. Toxi klettert auf seinen Schoß und füttert ihn mit einem Schokoladencremeröllchen. Während des gesamten Films kommen mehrfach Assoziationen von Toxi mit Schokolade auf. Gleich bei Toxis Ankunft wird ausgerufen: »Ein Schokoladenmädchen!«, während ein Kind, welches bei Susis Geburtstag zu Gast ist, sagt, Toxi brauche keinen Mohrenkopf zu essen, sie habe ja selbst einen. Auch das Programmheft des Illustrierten Film-Kuriers beschreibt sie als »das

[251] Figge (2010), S. 141.
[252] Vgl. Figge (2015), S. 63.
[253] Figge (2010), S. 144.

kleine Mohrenköpfchen«[254]. Der Grafiker Robert entdeckt sie gar als Gesicht für seine Schokoladenwerbung. Schwarzsein ist also nicht nur etwas, das Schwarze haben, sondern auch etwas, das Weiße konsumieren können.[255] So hat bell hooks darauf hingewiesen, dass in einer Konsumgesellschaft der Genuss von ›rassifizierter Differenz‹ Vergnügungswert besitzt: »In einer Warenkultur wird Ethnizität zur Würze«[256]. Der Weiße Mann habe das Verlangen, »ein Biß-chen vom Anderen«[257] zu bekommen. Vor diesem Hintergrund interpretiert Maja Figge Theodors Biss in das Schokoladenröllchen als Einverleibung des Fremden durch »Differenzkonsum«[258]. Der Biss heilt ihn von seiner krankhaften Ablehnung gegenüber Toxi und seinem krankhaften Rassismus. Der Illustrierte Film-Kurier beschreibt dies so: »[a]us einem Saulus wurde Paulus«[259].

Der Konsum des Fremden bedeutet dessen Einverleibung, sprich: dessen Integration. Der Aspekt des Konsums wird im Film durch die Figur Roberts dargestellt, der als Werbegrafiker für die Konsumgesellschaft steht und argumentiert. Im Konflikt der drei Männer gewinnen letztlich Gustav und Robert und damit Gustavs christliche und Roberts moderne, konsumorientierte Werte. Figge hat einen interessanten Bezug zur politisch-moralischen Situation der Bundesrepublik hergestellt:

> *»Sowohl die Re-Installierung christlicher Moral als auch die Etablierung einer Konsumkultur, die sich zugleich an den USA orientierte wie von ihnen abgrenzte, galten als wirksame Mittel, um eine gesellschaftliche Normalisierung nach dem Nationalsozialismus herbeizuführen.«*[260]

Diese beiden Wertesysteme und ihr Sieg über das Wertesystem der Vergangenheit, die nationalsozialistische *Rassen*ideologie, werden in dem Film durch den moralischen ›Sieg‹ Gustavs und Roberts über Theodor dargestellt. Denn die moralische Schuld des rassistischen Massenmords des Nationalsozialismus stigmatisierte die deutsche Gesellschaft. In ih-

254 Illustrierter Film-Kurier: Toxi 1952.

255 Die Verknüpfung von Schwarzen mit dem Konsumprodukt Schokolade findet auch in *Mein Bruder Josua* statt, in dem Josua bei jeder sich bietenden Gelegenheit Schokolade an die Dorfkinder verteilt.

256 Hooks (1994), S. 33.

257 Ebd., S. 34.

258 Figge (2010), S. 146, vgl. Figge (2015), S. 67f.

259 Illustrierter Film-Kurier: Toxi 1952.

260 Figge (2010), S. 148.

rem Umgang mit Schwarzen Kindern konnte die Bundesrepublik unter Beweis stellen, dass sie geläutert war und nun das »Rassenproblem« in Gustavs Worten »mit anderen Augen« sehen. Als Toxi Theodor aus den Augen verliert und allein durch Hamburg streift, bleibt sie vor einem Schaufenster stehen, neben dem ein Schild steht mit der Aufschrift »Der Konsum hilft!«[261]. Sowohl der Differenzkonsum als auch die Entwicklung einer Konsumkultur scheinen als mögliche Auswege, den Rassismus der Vergangenheit zu überwinden. Gleichzeitig übt der Film eine subtile Kritik an einer modernen Konsumkultur, die besonders an einer Szene deutlich wird. Herta besucht Robert in seinem Atelier und er zeigt ihr das Plakat für Schokoladenwerbung, das er auf Grundlage seiner Fotos von der Schokolade essenden Toxi gemacht hat. Er verspricht sich beruflichen Erfolg mit diesem Plakat: »Die müssen die gesamte Produktion darauf umstellen«. Roberts Vorschlag, möglichst schnell zu heiraten, liest sich wie ein Kalkül, wenn er die Ehe mit Herta mit der Möglichkeit in Verbindung bringt, Toxi zu adoptieren. Zwar hat auch Herta schon über diese Option nachgedacht, aber offensichtlich aus mütterlicher Zuneigung und einem Verantwortungsgefühl gegenüber Toxi heraus. Für Robert würde die Adoption auch einen uneingeschränkten Zugriff auf Toxi als Objekt seiner grafischen Arbeit bedeuten. Heide Fehrenbach hat in dieser Szene ein zweites Element ausgemacht, dass die Objektivierung Toxis durch Robert thematisiert. Neben dem Toxi-Plakat hängt ein anderes Werbeplakat im gleichen Format an der Wand, auf dem ein weißes Schaf und der Schriftzug »Dura-Wolle« zu sehen sind. Auf repräsentationaler Ebene wird Toxi von Robert gleichgesetzt mit einem weißen Schaf. Diese Einstellung ist kurz und hintergründig, kann aber mit Fehrenbach als unterschwellige Kritik daran gedeutet werden, dass Roberts Verhalten Toxi gegenüber auf die kommerzielle Ausbeutung ihrer Differenz abzielt.[262] Das Bild von Toxi auf dem Plakat sieht nicht aus wie Toxi, sondern ist eine stereotype, rassistische Darstellung Schwarzer Menschen. »The poster, in effect, allows us to see Toxi through Robert's professional eye, which reduces the child to racist caricature«[263].

Im Film *Toxi* wird die Heilung durch Einverleibung des Fremden als

[261] Deutsche Konsumgenossenschaften warben Anfang der 1950er-Jahre für sich unter dem Motto »Besser leben, der Konsum hilft«. Vgl. ZEIT: »Besser leben, der Konsum hilft«. http://www.zeit.de/1950/40/besser-leben-der-konsum-hilft.

[262] Vgl. Fehrenbach (2005b), S. 115.

[263] Ebd.

Option dargestellt, den Rassismus der Vergangenheit zu überwinden. Das Schwarze Mädchen Toxi, die anfangs von Theodor als ›toxisch‹ wahrgenommen wird, erweist sich als heilende Medizin. In der Begegnung mit ihr und im entscheidenden Biss vom Schokoladenröllchen kann Theodor als Vertreter der Nazi-Generation die Vergangenheit überwinden und sich selbst als Weiße männliche Autoritätsfigur reetablieren.

4.2 Resouveränisierung: Macht über Frau und Kind

In den meisten der untersuchten Filme ist die zentrale, aktive Figur ein Weißer Mann, der ein Problem zu lösen oder eine Herausforderung zu meistern hat. Als Nebenhandlung findet sich allerdings immer die Beziehung zu einer Frau oder einem Mädchen – häufig eine Liebesbeziehung oder eine Vater-Tochter-Beziehung – die am Ende des Films ebenfalls geklärt oder gefestigt ist. Im Verlauf eines Films bewährt sich der Mann, indem er die Frau diszipliniert, befreit oder sich als Versorger beweist. Diese Bewährungsstrategien zielen auf eine Resouveränisierung des Weißen deutschen Mannes, dessen Autorität durch die Kriegsniederlage, aber auch durch die Anwesenheit alliierter Soldaten und die Besatzung Deutschlands infrage gestellt wird. Besonders die Stationierung afroamerikanischer oder frankoafrikanischer Soldaten war von öffentlichem Interesse und knüpfte an die Diskussion um die Rheinlandbesetzung nach dem Ersten Weltkrieg an, als Weiße deutsche Frauen durchweg als Vergewaltigungsopfer französischer Kolonialsoldaten gegolten hatten.[264] In der Debatte um afroamerikanische GIs verschob sich dieses Narrativ und bot fortan auch Möglichkeiten, die Integration der Kinder, die aus Beziehungen zwischen Weißen Frauen und Schwarzen Soldaten entstanden waren, als Affirmation der deutschen Identität zu betrachten.

264 Vgl. Iris Wigger: ›Die schwarze Schmach‹: Afrikaner in der Propaganda der 1920er Jahre. In: Gerhard Paul (Hg.): Das Jahrhundert der Bilder, Bonn 2009 (= Schriftenreihe/Bundeszentrale für Politische Bildung), S. 268–275, S. 270. In der deutschen Bevölkerung, die sich ungerecht behandelt fühlte und die Besetzung des Rheinlandes nach dem Ersten Weltkrieg als Gewalt wahrnahm, wurde diese Gewalt in der Person des Schwarzen Vergewaltigers und die Unschuld der deutschen Nation in der Unschuld der reinen Weißen deutschen Frau personifiziert.

4.2.1 Rettung und Fürsorge

In den untersuchten Filmen findet sich das Narrativ des Weißen deutschen Mannes, der seine beruflichen, moralischen und körperlichen Fähigkeiten als Versorger und Ernährer von Kindern und Familie unter Beweis stellt, wozu mitunter auch die Rettung einer Frau oder eines weiblichen Kindes vor dem Unglück oder der Schande gehört. Mit derartigen Handlungen oder mit der Aneignung entsprechender Charaktereigenschaften gelingt es ihm, seine vermeintlich natürliche Autorität wiederherzustellen und sich als Führungsfigur in Familie und Gesellschaft zu positionieren.

Das Schwarze Mädchen Toxi in dem Film *Toxi*, das in die Obhut der Hamburger Familie Rose/Jenrich kommt, ist ausgesprochen brav, katholisch und wohlerzogen, laut zeitgenössischem SPIEGEL-Artikel »ein so entwaffnend zärtliches Kind von der pikanten Mischung aus Urwald und bayerischem Dorf«[265]. Ihre reine Existenz ist jedoch ein Zeichen der Bedrohung der Weißen deutschen Nation, denn, so Angelica Fenner:

> *»characters of mixed-heritage seem to connote a sense of sexual betrayal, undermining the perceived purity of the nation qua white community by threatening the integrity of (white) female virtue past or present and, by extension, also undermining male authority.* [...] *Toxi's innocent presence among Theodor Jenrich's two biological daughters instills in him an anxious paranoia that Toxi will jeopardize his patrimony and the honor of his wife and sister-in-law by raising public suspicion that one of the two women engaged in relations with an African American soldier«*[266].

Toxis Anwesenheit symbolisiert damit die Bedrohung, die die Anwesenheit Schwarzer Männer für Weiße Männer bedeutet: der Weiße deutsche Mann hat nicht alleiniges Zugriffsrecht auf die Weiße deutsche Frau.[267]

265 DER SPIEGEL: Die Leute rühren (23.07.1952).

266 Fenner (2011), S. 236.

267 Nachdem das Narrativ der unschuldigen Weißen Frau zunächst auch nach dem Zweiten Weltkrieg tradiert wurde, änderte sich das Bild der Frauen. Die Frauen, die nach dem zweiten Weltkrieg wie auch immer geartete Kontakte zu Schwarzen GIs hatten, wurden nun vielmehr als Täterinnen stigmatisiert, »die sich an dem nationalen Verrat an den verschollenen oder verstümmelten deutschen Männern beteiligten, um ihren sexuellen Gelüsten oder ihrem ›Heißhunger‹ auf materielle Güter zu frönen« Fehrenbach (2001a), S. 186.

Im Gegensatz zu den Müttern waren die Kinder ›unschuldig‹, sie waren die Opfer des moralischen Fehlverhaltens ihrer Mütter, welche als moralisch, sozial und mental defizitär[268] galten. Darum ist auch Toxi zwar »ein Kind der Schande«, wie Frau Übelhack, eine Freundin der Familie Rose/Jenrich, sagt, und kann gleichzeitig aber selbst als unschuldig inszeniert werden. Der Fokus des Films *Toxi* liegt darum nicht auf der Grenzüberschreitung der Mutter, mit einem Afroamerikaner geschlafen zu haben, sondern auf dem Schicksal des daraus resultierenden unschuldigen Kindes.

Toxi existiert in dem Film immer nur in Bezug auf die Weiße Familie. Ihre Emotionalität und Psyche werden nur in Interaktion mit Weißen Familienmitgliedern oder anderen Mitgliedern der Weißen Gesellschaft dargestellt, sie hat keine unabhängige Subjektivität.[269] Ihre Kontakte zur Außenwelt sind wenige, die deutsche Gesellschaft wird aber eher als feindlich ihr gegenüber dargestellt. Als Toxi neu in der Familie Rose war und Herta mit ihr einen Spaziergang machte, gucken ihr die Leute irritiert hinterher, ein Junge streckt ihr die Zunge heraus. Sie wird nur zweimal rassistisch beleidigt. Fehrenbach analysiert die Sequenz, in der Toxi allein durch Hamburg streift als Verbildlichung der Grenzen und Möglichkeiten, die Toxi innerhalb der deutschen Gesellschaft hat.[270] Darin wird Toxi gezeigt, wie sie sehnsüchtig in ein Schaufenster mit Lebensmitteln guckt, sie ist offenbar hungrig und hat kein Geld, um sich etwas zu essen zu kaufen. Übertragen heißt dies, dass sie als Erwachsene arm und vom gutbürgerlichen Leben ausgeschlossen sein wird. Essen und Konsum im Allgemeinen wird sie sich kaum leisten können. Später, als es schon dunkel ist, sieht man sie vor einem Schaufenster, in dem für Damenstrümpfe geworben wird. Zwei paar lange, hell erleuchtete Schaufensterpuppenbeine sind im Vordergrund zu sehen, die Kamera blickt von innen heraus auf Toxi, die vor der Scheibe steht und mit den Händen die Glasscheibe berührt, die sie von den Beinen trennt. Die Glasscheibe visualisiert die unsichtbare, aber stabile Grenze, die zwischen Toxi und dem Ideal weiblicher Schönheit gezogen wird. Sie kann diese hellen, schlanken und attraktiven Beine nur von außen bestaunen:

> *»Her placement at the edge of the frame, with the window acting as a barrier cutting her off from the symbols of white female*

[268] Vgl. Fehrenbach (2001b), S. 166f.
[269] Vgl. Fehrenbach (2005), S. 121.
[270] Ebd., S. 122f.

sexuality, is telling. It depicts her as an observer – suggesting her outsider status – along with the unattainability of German norms of femininity, desirability, and reproduction, which are coded as exclusively white.« [271]

Diese Einstellung beinhaltet die Prophezeiung, dass Toxi als erwachsene Frau von der bürgerlichen Weiblichkeit, ihren Symbolen und Wünschen grundsätzlich ausgeschlossen bleiben wird.

Zuletzt trifft sie auf einen Jungen, der auf der Straße Xylofon spielt und sammelt für ihn das Geld der Passanten ein. Als sich die Polizei nähert, laufen die beiden zum Schaustellerwagen seiner Eltern. Die Eltern des Jungen sind überrascht darüber, dass er mehr Geld als sonst mit nach Hause gebracht hat, was dieser mit Toxis Anwesenheit erklärt. Die Möglichkeit des ökonomischen Mehrgewinns veranlasst die Eltern, sie bei sich zu behalten. Der Aspekt der ökonomischen Ausbeutung der Schwarzen Frau für Unterhaltungs- und Werbezwecke korrespondiert mit Roberts Absichten, mit Zeichnungen von Toxi seinen Durchbruch als Werbegrafiker zu schaffen. In diesem Sinne lässt sich die genannte Szene so lesen, dass Toxi in der deutschen Gesellschaft tendenziell immer als exotische Kuriosität behandelt werden wird und der damit verbundenen Gefahr der Ausbeutung ausgeliefert ist. Hier ist auch die Option angedeutet, dass sie in einer Randgruppe der Gesellschaft leben könnte, beispielsweise bei Schausteller_innen. In *Toxi* wird Toxi noch davor gerettet, während für das Schwarze Mädchen Moni in dem drei Jahre später produzierten Nachfolgefilm *Der dunkle Stern* genau das die Lösung ist und sie aus ihrem Weißen Dorf herausgenommen und in den Zirkus gesteckt wird.[272]

Gegen Ende des Films wird des Weiteren thematisiert, was Toxi bevorstehen könnte, wenn sie auf sich allein gestellt ist. Kurz bevor sie mit der Schaustellerfamilie die Stadt verlässt, wird sie von Theodor ›gerettet‹ und wieder mit ins Haus Rose/Jenrich gebracht. Die Logik dieser Szene impliziert, dass sie *ohne* Theodor als Retter hilflos dem Schicksal der Ausbeutung durch andere ausgeliefert wäre – sei es als Schaustellerin auf der Straße oder im Zirkus, als Karikatur in der Werbung für Schokolade oder sogar, so lässt sich der symbolische Verweis auf die weibliche Sexualität schließen, als uneheliche Geliebte oder Sexarbeiterin. Der soziale Abstieg erscheint als reale Bedrohung für Toxi;

[271] Ebd., S. 122.

[272] Auf den Film *Der dunkle Stern* gehen die Kapitel 4.3.1. und 4.3.4 näher ein.

will sie ihm entkommen, ist sie auf den Schutz und die Rettung durch eine bürgerliche Institution, sei es eine Familie oder ein Kinderheim, angewiesen. Diese Institution und damit die deutsche Gesellschaft insgesamt erscheinen in Toxi als dazu in der Lage, Schwarzen Kindern Schutz zu bieten.

In dem Film *Toxi* nimmt die Weiße deutsche Familie das unschuldige Schwarze Kind in Obhut und kann dadurch ihre Fähigkeit im Umgang mit dem rassifizierten Anderen unter Beweis stellen. Indem die Bedrohungen und Ausschlüsse, die auf Toxi warten, dem Publikum vor Augen geführt werden, kristallisiert sich Theodor als Retter heraus. Damit wird besonders die Figur des Weißen Mannes in seiner Rolle als fürsorglicher Vater und unersetzlicher Retter bestätigt, was wiederum seine Form der Männlichkeit als autoritärer und patriarchaler Familienvater moralisch bekräftigt.

Der Film *Mein Bruder Josua* verknüpft die Überwindung der Schuld der Dorfbevölkerung mit dem Rückgewinn der Autorität des deutschen Mannes gegenüber der unschuldigen Weißen Frau. Wie in *Toxi* handelt es sich auch hier um die Figur des Vaters, der seine eigene Vergangenheit moralisch überwinden und unter Beweis stellen muss, dass er seine Tochter beschützen und versorgen kann.

Als Franziska merkt, dass Mathias sich nicht so leicht von seinem Hof vertreiben lässt, ermuntert sie ihren Sohn Hans, Lena zu vergewaltigen, damit sie schwanger wird und Hans heiraten muss. So würde der Familie Donath der Hof zufallen. Joseph hingegen bringt seine Abscheu gegenüber diesem Vorhaben zum Ausdruck. Als Hans dann tatsächlich versucht, Lena in der Scheune zu vergewaltigen, hört Mathias ihr Schreien und kann sie retten. Er verprügelt Hans und wirft ihn vom Grundstück. Lena ist in jeglicher Hinsicht unschuldig: Sie ist nicht nur jungfräulich, sie war auch an den Geschehnissen der Vergangenheit nicht beteiligt, da sie damals noch ein Kleinkind war. Sie verkörpert die Reinheit und Unbeflecktheit der idealen Weißen deutschen Frau. In diesem Sinne rettet Mathias nicht nur seine Tochter, sondern symbolisch die deutsche Nation, die oft als Weiße Frau symbolisiert wird, vor der Schändung. Die Schuld der Vergangenheit, personifiziert durch Franziska, lebt immer noch mitten unter der Bevölkerung. Sowohl das absolute Gute als auch das absolute Böse wird in *Mein Bruder Josua* durch verschiedene Frauentypen dargestellt. Um sich von dieser Schuld zu befreien, muss das Dorf einen Reinigungsprozess durchlaufen, an dessen Ende Mathias wieder aufgenommen wird und die böse Franziska mitsamt Ehemann und Sohn aus der Dorfgemeinschaft ausgeschlossen werden. Nachdem zunächst Mathias wieder in die Dorfgemeinschaft aufgenommen wurde, sitzen Lena und die ehemaligen Knechte und Mägde um den Tisch, als Mathias abends nach Hause kommt. Lena sagt: »Wir haben mit dem Essen auf Dich gewartet, Vater!« Nachdem sie ihn anfangs nicht »Vater« nennen wollte, drückt sie nun mit diesem Satz ihre Vergebung gegenüber Mathias aus. Bei diesem Essen trägt niemand mehr schwarz, denn die Schuld ist überwunden. Lena trägt weiterhin strahlend weiße Kleidung. Sie reicht Mathias das Brot in dem Moment, in dem dieser nach einer Scheibe greift; beide schauen sich in die Augen und lächeln. Sie beginnen zu essen, Mathias streicht sanft über Lenas Hand und hat Freudentränen in den Augen.

Damit ist der zentrale Konflikt gelöst: Nachdem Mathias Lena zuerst vor der Vergewaltigung bewahrt hat und damit gleichzeitig sichergestellt hat, dass nicht ein anderer Mann die Verfügungsmacht über Lenas Körper erhält, hat er auch noch unter Beweis gestellt, die bäuerliche Arbeit bewältigen und seine Funktion als Fürsorger und Ernährer meistern zu können. Damit hat er die vollständige Souveränität über seine Tochter als Sinnbild der Weißen deutschen Frau zurückgewonnen. Die Heilung des Dorfes von seiner Schuld geht in *Mein Bruder Josua* mit dem Wiedergewinn der patriarchalen Macht als Resouveränisierung des Weißen deutschen Mannes einher.

4.2.2 Disziplinierung

Eine Form der Beziehung zwischen Mann und Frau, die sich in den untersuchten Filmen auffinden lässt, wird hier mit dem Begriff ›Disziplinierung‹ beschrieben. Sie läuft entweder auf eine Disziplinierung der Frau hinaus oder stellt eine bereits disziplinierte Weiblichkeit als Erfolgsmodell dar. Frauen, die als selbstbestimmt und unabhängig inszeniert werden, fungieren dabei als Gegenpol und demonstrieren die Auswirkungen einer vom Weißen Mann nicht kontrollierbaren Weiblichkeit, welche Ehelosigkeit oder sogar Tod bedeuten können. Das Happy End der Variante der Disziplinierung besteht entsprechend in der Weißen heterosexuellen Ehe.

In dem Film *Skandal und Dodo* findet ein Disziplinierungsprozess der Schwarzen Protagonistin Dodo statt. Dodo, die während des gesamten Films als selbstbewusst und sexy erscheint, ist das Gegenbild zur unschuldigen Weißen Helga, welche wohlbehütet aufgewachsen ist. Indem am Ende des Films Helga den Ehemann bekommt, wird auch ein konservatives Frauenbild bestätigt.

Dodo erscheint als völlig überzogene, hysterische, kindlich-naive Diva, die alle herumkommandiert. Sie ist direkt, taktlos, und sexuell übergriffig: Sie springt auf Tonis Arm, als sie ihn im Hause Pietsch überraschend wiedertrifft und küsst Onkel Pietsch, um ihn zu überzeugen, sich diplomatisch für sie einzusetzen. Sie hat keinerlei Schamgefühl und präsentiert ihre freizügige Tanzshow nicht nur auf der Bühne in der Sansi Bar, sondern auch im Wohnzimmer von Gustav Pietsch. Auf der Bühne tritt sie in einer Art Bikini mit Federschmuck auf und im Alltag trägt sie bunte, ausgefallene Kleider, Pelz und tiefe Ausschnitte und lässt ihren Rock hochwehen. Dass sie vorher in Paris gelebt hat und neben Deutsch auch fließend Englisch und Französisch spricht, bekräftigt ihr Dasein als Exotin im Kontrast zu den einfachen, blassen, einsprachigen Deutschen um sie herum. Sie protestiert lautstark und selbstbewusst gegen ihr Auftrittsverbot und beißt dem Polizisten, der ihr selbiges mitteilt, in den Finger, tritt ihm auf den Fuß und sagt, das könne er mit ihr nicht machen. Ihr Verhalten changiert zwischen überdreht und trotzig. Wenn sie ihren Willen nicht bekommt, verhält sie sich wie ein Kind und ist beleidigt. Die Figur Dodo ist schrill und aufdringlich, die Haushälterin nennt sie »Indianerin oder was das ist.« Als sie im Hause Pietsch einzieht, nennt sie sich selbst »bescheiden«, da sie sich mit der ersten Etage begnüge und nicht das gesamte Haus in Anspruch nehme. Neben zahllosen Koffern mit glamourösen Kleidern bringt sie ihre Schwarze Zofe Topsy, einen Affen, einen Löwen und eine Schlange mit. Diese Attribute lassen sie nicht nur exotisch und skurril wirken, sondern suggerieren auch beruflichen Erfolg und ökonomische Selbstständigkeit. Der Gegensatz zur biederen, stillen, anständigen und adligen und abhängigen Helga ist auch ein rassifizierter. So fragt Pietsch noch vor Dodos Auftauchen Toni nach ihr: »Blond oder Schwarz?« Toni: »Schwarz, sehr schwarz.« Pietsch: »Das sind die Schlimmsten!«. Helga hingegen trägt bei ihrem ersten Auftritt im Film entsprechend ihrer Rolle ein edles, weißes, hochgeschlossenes und langärmeliges Kleid. Sie ist passiv und gehorsam und traut sich nicht gegen den Willen der Tante zu protestieren, welche verlangt, dass sie einen Adligen heiratet. Nachdem sie von Tonis Affäre erfahren hat, verzeiht sie ihm schnell mit den Worten: »Was soll ich denn tun, ich liebe ihn doch«. Ihr fehlt es offensichtlich ganz anders als Dodo an Handlungs- und Sanktionsmöglichkeiten, was durch ihren emotionalen Zustand, ihre Liebe zu Toni, verstärkt wird. Während Dodos selbstbewusster Zugang zu ihrem Körper auch eine selbstbestimmte Sexualität beinhaltet, bleibt Helga körperlich und sexuell passiv und fremdbestimmt. Sie ist nicht die, die küsst, so wie Dodo, sondern sie *wird* geküsst. Die Küsse, die Graf Udo von Pleitenstein ihr als zukünftiger Schwiegervater aufdrängen will, können von Toni verhindert werden. Sie selbst wehrt teilweise sogar die Küsse ihres Verlobten Toni ab, nachdem sie erfahren hat, dass er eine Affäre hatte. Für sie ist diese sexuelle Grenzüberschreitung ein Grund, ihre körperliche Verfügbarkeit sofort einzustellen. Dodo hingegen tritt während des gesamten Films als personalisierte männliche Fantasie auf, indem sie aufreizende Kleidung trägt, aktiv Männer umarmt oder küsst und sie unter ihren Rock blicken lässt. Der einzige Moment, in dem Helga ein eigenständiges erotisches Interesse hat, ist, als Baldur Agathe von der freizügigen Revueshow berichtet, die er am Vorabend gesehen hat. Sie versucht, das Gespräch zu belauschen, wird aber hinausgeschickt, bevor Baldur die entscheidende Frage beantwortet, was Dodo unter dem Röckchen aus Federn trug. Helga bleibt also auch hier rein und unbefleckt. Ihr minimales erotisches Bedürfnis wird vonseiten ihres familiären Vormunds, ihrer Tante, sofort in die Schranken gewiesen und diszipliniert. Da Helga es ist, die schlussendlich heiratet, transportiert der Film die Botschaft, dass genau diese Form der Weiblichkeit zum (Ehe-)Glück führt. Eine Frau, die sich sexuell dem Mann völlig unterordnet und im besten Fall überhaupt keine eigene Sexualität hat, die nicht protestiert, sondern Gehorsam gegenüber dem Familienvorstand an den Tag legt, und die keinem eigenen Beruf nachgeht, erscheint als diejenige, die der Weiße deutsche Mann begehrt und heiratet. Unhinterfragt steht dahinter die These, dass das Glück einer Frau, zumindest einer mittelständischen Weißen, überhaupt in der Ehe und der damit eng verbundenen Mutterrolle besteht. Helgas filmimmanente Aufgabe ist darüber hinaus eine moralische. Ihre Existenz und Anwesenheit verhindern letztlich die drohende *Rassen*mischung, die in der Beziehung von Toni und Dodo besteht. Die Weiße Frau stellt

> *»das ›moralische Geschlecht‹ dar und* [bekommt] *eine zentrale Bedeutung für die Aufrechterhaltung der weißen Kultur, Herrschaft und Sittlichkeit* […] *zugewiesen.«*[273]

Alle männlichen Figuren des Films mit Ausnahme Professor Baldurs benehmen sich permanent übergriffig gegenüber Helga und Dodo. Toni und der Graf von Pleitenstein bedrängen Helga mehrfach gegen ihren Willen, während Pietsch jede Gelegenheit nutzt, um Dodo anzufassen oder voyeuristisch zu beobachten. Das Happy End des Films

[273] Dietrich (2007), S. 379.

beinhaltet aber nicht nur die Eheschließung zwischen Weißer, anständiger Frau und nach seiner Affäre zur Vernunft gekommenem Weißen Mann, sondern auch Dodos zurückerhaltene Auftritts- und Aufenthaltserlaubnis nach gescheiterter Hochzeit mit dem Grafen von Pleitenstein. Die selbstbewusste, sexuell selbstbestimmte und berufstätige Schwarze Frau kann in dieser Logik nicht auf Ehe und Familie hoffen, sondern bleibt alleinstehend. Annette Dietrich hat in ihrer Studie *Weiße Weiblichkeiten*[274], in der sie Konstruktionen von *Rasse* und Gender im deutschen Kolonialismus untersucht, festgestellt, dass Häuslichkeit im Rahmen des kolonialistischen Projekts als Herrschaftstechnologie funktionierte, indem »weiße Häuslichkeit als Ausdruck weißer Kultur und Identität konstruiert wurde«[275]. So wird auch Dodo ein Recht eingeräumt, in Deutschland zu leben, allerdings nicht als Vorsteherin eines Haushalts, sondern als Anschauungsobjekt und als erotische Unterhaltung für ein Weißes deutsches Publikum. Ihre Anwesenheit in *Skandal um Dodo* hat in erster Linie die Funktion, ein wenig Trubel in das Leben der Weißen zu bringen. Abgesehen davon dient sie als Tänzerin zur erotischen Vergnügung des Weißen, überwiegend männlichen deutschen Publikums. In der letzten Szene des Films tanzt sie nicht mehr als alleinige Frontfrau wie zu Beginn, sondern im Duett – mit einem Mann. Auch Dodos uneheliche Weiblichkeit bedarf offenbar der Kontrolle durch eine männliche Figur.

In *Skandal um Dodo* werden zwei Formen von Weiblichkeit präsentiert, die jeweils rassisch codiert sind. Helga verkörpert eine Weiße Weiblichkeit, die mit Keuschheit, Anstand, Zurückhaltung, Ehe und Häuslichkeit verbunden ist, während Dodo eine Schwarze Weiblichkeit versinnbildlicht, die sich durch Selbstbestimmung, Sexualität, Berufstätigkeit und Ehelosigkeit auszeichnet. Helga bewahrt das Weißsein der Nation, in dem sie per Eheschließung mit dem Weißen Mann die Bedrohung des Weißen Kollektivs durch die stereotyp als hypersexuell dargestellte Schwarze Frau abwendet.

In *Die Helden sind müde* wird der Verlust der Macht über die Weiße Frau, also das Scheitern ihrer Disziplinierung, in Szene gesetzt und mit der Souveränität und Freiheit der Weißen Männer verknüpft. Am Ende findet die selbstbestimmte, undisziplinierte Manuella den Tod.

Das fiktive afrikanische Land, in dem der Film spielt, ist frei, wie die Wortschöpfung »Free City« beschreibt, und im Aufschwung begrif-

[274] Ebd.
[275] Ebd.

fen. Als Michel im Auto eines anderen Weißen in Free City ankommt, stehen ein paar Schwarze auf der Straße und er fragt: »Feiern die hier heute Abend ein Fest?« Die Antwort des Fahrers ist: »Ih, bewahre, das geht hier jeden Tag so, das ganze Jahr über ein einziger Karneval. Und in drei Tagen feiern sie Weihnachten, da wird's noch gemütlicher.« Auf der Straße laufen gut gekleidete Leute umher, die Männer mit Strohhüten und die Frauen in modischen Kleidern, es hängen Lichterketten an den Häusern. Sie müssen anhalten, weil Menschen auf der Straße stehen und nicht aus dem Weg gehen, weil sie sich angeregt unterhalten. Der Fahrer wettert: »Saubande. Uns bleibt gar nichts anderes übrig, als ganz artig zu sein. Hier befehlen nämlich die Schwarzen und nicht die Weißen«. Das Gefühl des Machtverlusts wird dadurch kanalisiert, dass die Souveränität eines afrikanischen Staates als Frechheit dargestellt wird. Durch ihre nationale Souveränität haben die Einheimischen ein starkes Selbstbewusstsein erlangt und die Männer können es sogar wagen, öffentlich und stolz mit Weißen Frauen auszugehen. Deutsche und Franzosen verlieren Kontrolle über die Weißen Frauen, Nina hat bereits einen Schwarzen Mann geheiratet und Manuella geht mit einem Schwarzen Mann, Sidney, fremd. François maßregelt sie: »Es gibt Dinge, die sind einfach selbstverständlich, die haben nichts mit Moral zu tun. Es gibt Schwarze und Weiße und Du bist weiß. Du gehörst zu uns!« François versucht verzweifelt, die Macht über seine Frau wiederzuerlangen und ihr zu erklären, dass sie sich von Schwarzen Männern fernhalten soll.

Die Souveränisierung von ehemals kolonisierten Ländern erscheint so als Bedrohung für Weiße Männlichkeit. Privilegien wie gute Kleidung, Berufstätigkeit und Selbstbewusstsein waren zuvor Weißen Männern vorbehalten, doch nun können auch Schwarze Männer Weißen Frauen materiell etwas bieten. Manuella ignoriert ihren Ehemann weitgehend und versucht, ihn zu verlassen und mit Michel anderswo ein neues Leben aufzubauen. Nina hat sich durch ihre Ehe der Weißen männlichen Führung bereits völlig entzogen und ist so für den Weißen Mann nicht mehr verfügbar. Neben dem brutalen François ist Nina die einzige der Weißen Hauptfiguren, die überhaupt einem Beruf nachgeht. Alle anderen Männer haben mit dem Verlust des Krieges auch ihre Arbeit verloren und damit eine typische männliche Tätigkeit, die eine Voraussetzung für Ehe und Familiengründung darstellte.

In *Die Helden sind müde* gibt es keine relevante Weiße Frauenfigur, die unter der Kontrolle eines Weißen Mannes ist. Stattdessen sehen wir gemischte Pärchen, die suggerieren, dass nun die Schwarzen Männer die ›Kontrolle‹ über die Weißen Frauen erhalten. Ohne funktionierende Weiß-Weiße heterosexuelle Beziehungen können keine Weißen Kinder geboren werden, die Bedrohung der Weißen *Rasse* erscheint also auch als biologische Frage. Nur unter dem Teil der Schwarzen Bevölkerung, der als wild und primitiv gezeigt wird, tauchen auch Kinder auf. Die Darstellungstradition, Schwarzsein mit Leben gleichzusetzen, verknüpft sich hier mit der Angst des Weißen Mannes vor der höheren Potenz des Schwarzen Mannes. So sind in *Die Helden sind müde* die Schwarzen Männer nicht nur frei und souverän im eigenen Land, ihnen gelingt auch die eigene Fortpflanzung und damit die Sicherung ihrer Zukunft. Die Weißen Männer hingegen, deren Länder der Krieg zerstört hat, sind sämtlich kinderlos, sie haben in diesem Sinne keine Zukunft. Sie haben mit Ausnahme von François, der am Ende sterben muss, alle Symbole ihrer Männlichkeit verloren: Sie haben keine Frau, sie haben kein Haus, sie haben keine Arbeit, und ihr Vaterland ist zerstört.

Der Machtverlust der Weißen Männer in Die *Helden sind müde* wird als Machtverlust über die Weißen Frauen inszeniert. Die Unabhängigkeit afrikanischer Staaten erscheint so als Bedrohung von Potenz und Fortpflanzung der Weißen Europäer insgesamt. Gleichzeitig wird anhand der Figur der unabhängigen, auch sexuell selbstbestimmten Frau Manuella dem Publikum vor Augen geführt, dass einer Frau, die nicht mehr der Kontrolle eines Weißen Mannes untersteht, Tod und Verderben drohen. Der Film reproduzierte Weiße männliche Ängste vor der Potenz des Schwarzen Mannes und impliziert die vermeintlich notwendige Disziplinierung und Kontrolle der Weißen Frau durch den Weißen Mann.

4.2.3 Befreiung

Ein weiteres Verhältnis, in dem der Weiße Mann gegenüber der Frau stehen kann, ist das der Befreiung vom Schwarzen Mann. Die Vorstellung der Befreiung fußt auf der Annahme, der Schwarze Mann habe in der Regel zu Unrecht Macht über die Frau und behandle sie schlecht, während der Weiße Mann in der Regel das Recht auf die Macht über die Frau innehabe und sie gut behandele. Die Frau wird in diesem Verhältnis stets als passiv und unselbstständig präsentiert, sie nimmt die Machtübernahme des Weißen Mannes, die ›Befreiung‹, bereitwillig an oder bittet sogar ausdrücklich darum. Im Gegensatz dazu zeichnet sich der Weiße Mann durch Geschick, Mut und Stärke aus und kann seinem Macht- und Verfügungsanspruch über die Frau Legitimation verleihen. In der Figur der Chiachi / Liane in *Liane, das Mädchen aus dem Urwald* (1956)[276] verbinden sich Zuschreibungen an Schwarze Frauen wie Kindlichkeit und sexuelle Natürlichkeit mit denen an Weiße Frauen wie Unschuld und Schönheit. Vor ihrer Entführung wird Liane / Chiachi von den männlichen Expeditionsteilnehmern als wild und animalisch wahrgenommen. Als ›wilde Primitive‹, die im Urwald groß geworden ist, steht sie für die Schwarze Frau, denn sie ist permanent spärlich bekleidet, teilweise nur mit einem Lendenschurz, und verhält sich wie ein Tier: »Vorsicht, sie beißt!« Selbst als sie westliche Kleidung bekommt, besteht diese lediglich aus einer knappen Hose oder einer bauchfreien Bluse. Während die Herren Anzug tragen, läuft sie später bei ihrem Großvater im Garten im Bikini herum. Ihr Verhalten ist trotzig, wenn sie ihren Willen durchsetzen will, andererseits aber auch naiv und treu, vor allem, wenn Thoren ihr etwas aufträgt oder erlaubt. Ihr Trotz ist kindlich und animalisch, sie beißt und kratzt die Weißen Entführer, »sie ist doch ne Katze!« Liane / Chiachi kennt keine europäische Sprache und führt ein ›primitives‹ Leben: »für Geburtsschein werden die bestimmt kein Zeichen haben«; sie lebt in einem Baumhaus, führt archaische Tänze auf und in ihrer Freizeit geht sie im Dschungel klettern oder schwimmen.

»Erst durch ihre Domestizierung wird Liane weiß«[277] und das Bild der Weißen Männer von ihr wandelt sich. Ihre Schönheit wird von Thoren in dem Moment (an-)erkannt, als sie symbolisch den Urwald gegen die Zivilisation tauscht. Nach ihrer Gefangennahme durch die Expedition schneidet und bürstet Jacqueline, die Ärztin der Expedition, ihr die langen, zerzausten Haare und gibt ihr westliche, weiße Kleidung. Eigentlich sieht sie die ganze Zeit ziemlich gleich aus, doch erst mit den Symbolen Weißer weiblicher Schönheit, einer neuen Frisur und Frauenkleidung, kann ihre Schönheit durch die Bestätigung

276 Der Film hatte großen Erfolg im deutschen Kino, sodass noch zwei Fortsetzungen gedreht wurden, »ohne dass man sich mit Dramaturgie oder Handlung große Mühe gab. Es kam in erster Linie darauf an, dass die mehr oder weniger unbekleidete Liane oder gegebenenfalls ihre weiblichen Untertanen zu sehen waren.« Baer, Martin: Von Heinz Rühmann bis zum Traumschiff. Bilder von Afrika im deutschen Film. In: *AfrikaBilder. Studien zu Rassismus in Deutschland. Studienausgabe*, hrsg. von Susan Arndt, Münster 2006, S. 155.

277 Figge (2015), S. 261.

des Weißen Mannes bezeugt werden. Thoren platzt in Jacquelines Zelt:

> *»Unser Funkbericht hat die ganze Welt verrückt gemacht, auf allen Wellen fragen sie nur nach unserem Urwaldmäd …* [er entdeckt Chiachi/Liane und stockt] *…mädchen. Hey, die ist ja sogar hübsch.«*

Chiachi/Liane fungiert als Weiß, denn sie wird sie von den Wodo aufgrund ihrer »unzweifelhaft europäische[n] Abstammung«[278] als Göttin verehrt und ist im Gegensatz zu den vielen Schwarzen halb nackten Frauen, die im Film zu sehen sind, das Objekt der Begierde des männlichen Weißen Protagonisten Thoren. Im Gegensatz zu den anderen Wodos bedarf sie besonderen Schutzes durch die Weißen Männer der Expedition: »Wir können sie doch nicht allein hier im Urwald lassen!«. Ihr Weißsein ist der ausschlaggebende Faktor, aufgrund dessen ihre Identität als Wodo infrage gestellt wird.

Im Kontrast zum anständigen Thoren zeichnet sich Keller durch verschiedene Handlungen und »taktlose Bemerkungen« im Film als unmoralischer Draufgänger gegenüber Frauen aus und erweist sich damit als für die Befreiung der Frau, die auch mit moralischen Qualitäten einhergehen muss, ungeeignet. Als Keller und Jacqueline eines Tages allein im Camp sind, nimmt er einen kleinen Kratzer am Arm als Vorwand, um sie aufzusuchen. Als sie ihn verbinden will, streicht Keller ihr über den Rücken und nennt sie »kleine Jacqueline«, woraufhin sie ihn ermahnt: »Herr Keller, ich bin hier weder klein noch Jacqueline, ich bin die Ärztin dieser Expedition und alle Männer haben versprochen, zu vergessen, dass ich eine Frau bin.« Keller beeindruckt das nicht: »Ach was, erst machen Sie uns alle verrückt und dann …« Während er diese Worte spricht, packt er sie an der Hüfte und zieht sie anzüglich an sich. Sie gibt ihm eine Ohrfeige, wirft ihm den Verband hin und sagt: »Ich will das eben vergessen. Aber verbinden Sie sich Ihren Arm selbst!« Der ungarische Expeditionsteilnehmer Tibor Teleky, der die Szene offenbar aus einem Versteck beobachtet hat, tritt hervor und sagt zu Keller: »Du dreckiges Schwein, wenn Du einmal noch frech wirst zu Fräulein Doktor, dann mache ich Gulasch aus Dir!« Kellers übergriffiges Verhalten gegenüber Jacqueline wird so nicht nur von dieser selbst, sondern auch von einem anderen Weißen Mann gerügt und damit als objektiv unmoralisch inszeniert. Hier ist zunächst der Kon-

[278] Illustrierte Filmbühne: Liane, das Mädchen aus dem Urwald 1956.

trast zu Teleky deutlich, der sich trotz des Lebens in einer Ausnahmesituation im Dschungel darüber empört, dass sich Keller an Jacqueline vergehen wollte. Auch ohne drohende gesellschaftliche Sanktionen und ohne Zugriff auf Frauen kann und soll sich ein Weißer Mann fern von Zuhause kontrollieren und anständig verhalten, so die unterschwellige Botschaft. Das Verhalten Kellers steht allerdings vor allem im Kontrast zu Thoren, der als so wenig triebhaft dargestellt wird, dass er nicht einmal bemerkt, dass Jacqueline in ihn verliebt ist. Als er dies erfährt, zeigt er zwar Interesse an ihr, bleibt aber vorsichtig und bescheiden: »Ich wollt Ihnen schon lang mal was sagen, ich hab mich nur nicht so richtig getraut …« sie aber weist ihn ab, da sie in zwei Tagen zurück nach Hamburg fahren muss und nun keine Liebschaft mehr möchte; er akzeptiert ihre Entscheidung. Thoren empört sich, als Jacqueline ihm gegenüber andeutet, dass sich nicht alle Männer der Expedition immer anständig ihr gegenüber verhalten haben. Er springt auf und ist bereit, diese Männer zu verprügeln: »Wer hat sich erlaubt … dem schlag ich die Knochen zusammen!«, doch Jacqueline macht ihm deutlich, dass sie diese Hilfe nicht benötigt. In Abgrenzung zum potenziell straffälligen Keller erscheint Thoren als moralisch reiner Mann, der sich an Gesetze und Konventionen hält und der daher im Umkehrschluss auch das Recht auf die Frau hat. Nicht nur technische Überlegenheit allein berechtigt dazu, Autorität über Schwarze und Frauen auszuüben. Der Weiße Mann muss seine Sittlichkeit und Moral gegenüber Frauen unter Beweis stellen, um einen legitimen Machtanspruch über sie stellen und sie aus ihrer Umgebung »befreien«, also entführen zu dürfen.

Diese Legitimation erscheint in *Liane, das Mädchen aus dem Urwald* nicht nur im Kontrast zu den negativen konnotierten Männlichkeiten, sondern auch durch die Bestätigung der beherrschten Frau. Chiachi / Liane wehrt sich anfangs gegen ihre Entführung, doch die Anwesenheit des gut aussehenden, anständigen Thoren führt zu einer vollständigen Charakterwandlung. War sie vormals Anführerin der Wodo, hatte Entscheidungsmacht über Leben und Tod und wurde als Göttin verehrt, so begibt sie sich nun im Kreise der Weißen Expedition bereitwillig in eine völlige Abhängigkeit vom Weißen Mann. Um an der Seite von Thoren leben zu können, gibt sie ihre Selbstständigkeit umstandslos auf. Auch die Macht der Benennung und der Bezeichnung liegt bei den Weißen Männern. Nachdem der Name Liane aufgetaucht ist, nennen alle Weißen sie nur noch so, doch auch sie selbst akzeptiert diese Namensänderung sofort, obwohl sie sich seit 14 Jahren als Chiachi bezeichnet. Insgesamt akzeptiert sie ihre ganze Entführung relativ schnell und will fortan nicht mehr von der Seite Thorens weichen, in den sie sich blitzschnell verliebt. War vormals sie es, die von den Schwarzen als Göttin verehrt wurde, vergöttert sie nun selbst in Thoren den Weißen Mann. Thoren übernimmt ihre Versorgung und Bildung: er füttert sie mit einer Banane und bringt ihr auf der Fahrt nach Europa Deutsch bei. Der Film vermittelt, dass die begehrenswerte Frau im Angesicht des Weißen Mannes ihre Unterlegenheit sofort erkennt und umstandslos eine untergebene Position einnimmt.

Während sie ihre Gefühle für ihn offen und unbedarft zeigt, hält sich Thoren an die sittlichen Regeln und rührt sie nicht an. Die Figur der Liane / Chiachi verkörpert eine männliche Phantasie der untergebenen, sexuell verfügbaren Frau, die der männlichen Führung bedarf und die männliche Autorität nicht nur akzeptiert, sondern geradezu einfordert. Dieses Verhältnis zwischen Weißer Frau und Weißem Mann wird auch in Gesprächen zwischen Jacqueline und Thoren thematisiert. Nachdem Thoren durch einen Zufall erfahren hat, dass Jacqueline in ihn verliebt ist, drückt er seine Verunsicherung angesichts einer selbstbewussten, gebildeten Frau aus: »Sie sind so ganz anders als die Mädchen, die ich so kenne. Sie wissen so viel, haben studiert.« Während Thoren in dieser Szene sitzt, steht Jacqueline und geht um ihn herum und ist damit symbolisch über ihm positioniert. Diese Perspektive verdeutlicht auch Thorens bereits artikulierte Angst »von dem Stärkeren gefressen zu werden«. Später auf dem Schiff erklärt Jacqueline Thoren: »… ich fange an, Sie zu verstehen. Sie brauchen immer jemanden, den sie ein bisschen beschützen … bemuttern können. Dafür bin ich anscheinend nicht geeignet.« In dem Moment klettert Liane ein Seil hoch, Thoren springt auf und rennt ihr lachend hinterher: »Also wenn man nicht ewig auf sie aufpasst … hey Liane, bleib hier! Los, kommst Du jetzt darunter? Schularbeiten machen!«. Jacqueline erkennt, dass sie als gebildete Frau keine Chance auf Thoren hat. Thoren, das Ideal des Weißen deutschen Mannes mit Muskeln, Mut und Anstand, braucht eine Frau, die von ihm abhängig ist, der er etwas beibringen kann, der er intellektuell überlegen ist. Im Umkehrschluss bedeutet dies, dass es für (Weiße) Frauen besser ist, hübsch, aber naiv und ungebildet zu sein und auf keinen Fall über Wissen oder Fähigkeiten zu verfügen, die die Dominanz des Weißen Mannes infrage stellen könnten. Ihr Liebesglück, so legt der Film nahe, hat sie sich mit ihrem Medizinstudium verspielt.

In *Liane, das Mädchen aus dem Urwald* wird der moralisch und intellektuell überlegene Weiße Mann als derjenige dargestellt, der die rechtmäßige Autorität über die Frau besitzt. Er erscheint als von Natur aus den Schwarzen Männern und den moralisch fragwürdigen Weißen Männern überlegen. Sein Status wird auch von der Frau unhinterfragt akzeptiert. Damit bestätigt der Film Vorstellungen von *White Supremacy* und verknüpft sie mit einem bestimmten Typus von Männlichkeit.

4.3 Restauration: Deutsche Werte und Weiße Überlegenheit

In den untersuchten Filmen geht es häufig um einen Weißen männlichen Protagonisten, der mit verschiedenen Problemen zu kämpfen hat, am Ende aber immer erfolgreich ist. Um diesen Helden herum tauchen verschiedene andere Figuren auf, die als Negation des Helden dienen, also als das, was er *nicht* ist. Die weniger positiv konnotierten Nebenfiguren fungieren so als umgekehrte Identitätsmarker des Helden: In Abgrenzung zu ihnen schält sich der Held des Films umso deutlicher und positiver heraus. Der Weiße männliche Held wird semiotisch auf zwei Ebenen produziert: als ehrlicher, tüchtiger Arbeiter gegenüber dem unehrlichen, dekadenten Händler sowie gegenüber dem unehrlichen Weißen Kriminellen; und als fähiger Kolonialherr durch die Darstellung der zufriedenen Untergebenen sowie in Abgrenzung zum Typus des unfähigen Kolonialherren. Die Darstellung des Weißen Helden demonstriert seine technische, moralische und intellektuelle Überlegenheit und dient der Restauration deutscher Werte und Bezugspunkte wie Heimat, Arbeit, Familie und Kirche.

4.3.1 Echte Arbeit und deutsche Tugenden

Arbeit stellt in den untersuchten Filmen einen zentralen Faktor dar, anhand dessen sich der männliche Autoritätsanspruch bemessen lassen muss. Das Motiv der Arbeit fungiert nicht nur als Symbol dafür, eine Frau oder Familie ernähren zu können, sondern wird mit spezifischen Tugenden verknüpft und moralisch abgestuft. Die moralisch richtige Form von Arbeit wird dabei rassisch codiert und Ausdruck von Moral und Führungsqualitäten.

Der junge Georg wird in *Unser Haus in Kamerun* (1961) von seinem Vater, Plantagenbesitzer Willem Ambrock, aus Kamerun nach Hamburg geschickt, um dort eine Ausbildung zu erhalten. In Hamburg freundet er sich schnell mit Klaas an, dem Spross der reichen Reederei Steensand, der ihm die Stadt und das hanseatische Leben zeigt. Der alte

Steensand und Willem Ambrock sind alte Freunde, deren gleichaltrige Söhne in zwei völlig unterschiedlichen Familien und Gesellschaften groß geworden sind. Schnell wird deutlich, wie unterschiedlich die beiden jungen Männer sind. Während der schüchterne, unerfahrene Georg mit Rechenmaschine und Krawatte zu kämpfen hat, führt Klaas das Leben eines Dandys, fährt Cabrio und verspielt sein Geld mit Wetten. Georg wird als ehrlich, treu und anständig dargestellt, er hatte noch keine richtige Freundin, sondern nur seine unschuldige Jugendliebe Manuela. Klaas hingegen hat eine heimliche Geliebte, während er offiziell mit der reichen Ina Lorenz verlobt ist, da er hofft, dass ihr Vermögen ihn aus seinen heimlichen Schulden retten kann. Dazu trinkt er viel Alkohol, arbeitet wenig, ist in seinem Verhalten berechnend und belügt seine Eltern.

Georg ist in einer ländlichen Region in Kamerun groß geworden und hilft seinem Vater, die riesige Plantage zu betreiben. Sein naturverbundenes Leben und die Arbeit in der Landwirtschaft stehen konträr zur westlichen Gesellschaft der Steensands, die als Ort des Werteverlusts, des physischen und moralischen Verfalls erscheint. Der Gegensatz zwischen Bauer und Kaufmann, zwischen ›echter‹ Arbeit und Handel, ist schon in der Weimarer Republik in rechtsextremen Kreisen als Gegensatz zwischen ›schaffendem‹ und ›raffendem‹ Kapital diskutiert worden.[279] Im völkischen Antikapitalismus wird die Sphäre von Kapital und Arbeit rassistisch und antisemitisch aufgeladen: ›Echte‹ Arbeit gilt als deutsch oder ›arisch‹, das arbeitslose Einkommen wird auf Jüdinnen und Juden, aber auch auf Sinti und Roma oder die USA projiziert.[280]

279 Diese Formel geht auf Gottfried Feder zurück, der wie die Brüder Gregor und Otto Strasser den antikapitalistischen Flügel der NSDAP schon in den 1920er Jahren prägten. Vgl. Michael Barthel, Benjamin Jung: Völkischer Antikapitalismus. Eine Einführung in die Kapitalismuskritik von rechts, Münster, Westf 2013, S. 37f. Sie kritisierten die Strategie der Münchner Gruppe um Adolf Hitler dafür, dass sie die antikapitalistische Rhetorik nur strategisch für die Mobilisierung der Arbeiterschaft einsetzten, praktisch aber mit Großindustriellen zusammenarbeiteten.

280 In der Bundesrepublik der Nachkriegszeit knüpften neonazistische Kreise an den völkischen Antikapitalismus an und gründeten die Sozialistische Reichspartei, die zunächst auch zahlreiche Anhänger_innen fand. In Niedersachsen kann die SRP 1951 mit 11 Prozent der Stimmen in den Landtag einziehen, bis sie 1952 wegen NS-Wiederbetätigung verboten wird. Seit den 2000er Jahren knüpfen rechtsextreme Kreise erneut an die Strasser-Brüder an, gebären sich antikapitalistisch und vertreten einen ›nationalen Sozialismus‹.

> *»Der Arbeitsprozess wird als organischer, dem ›deutschen Wesen‹ entsprechender Vorgang glorifiziert, die abstrakten finanziellen Seiten des Kapitalismus jedoch verteufelt.«*[281]

Dabei gilt nicht nur Bauerntum und Handwerk, sondern auch »das industrielle Kapital als direkter Nachfolger ›natürlicher‹ handwerklicher Arbeit«[282] gleichsam als natürlich und ehrlich. Die Plantage der Ambrocks stellt diese Form der Arbeit dar. Damit produzieren sie nicht nur Waren, sondern durch die Form der Tätigkeit auch »Gemeinschaft, Volk, Rasse«[283]. Die Sphäre des Handels, des Geldes und der Zirkulationssphäre, das abstrakte Kapital, wird dagegen der unnatürlichen Moderne und der westlichen Zivilisation zugeschrieben und von Klaas verkörpert. Die Darstellung verschiedener Formen von Arbeit in *Unser Haus in Kamerun* dient also auch der Herstellung einer rassifizierten Hierarchie, an dessen Spitze der arbeitende Weiße deutsche Mann steht.[284]

Die Identifizierung von Georg mit dem schaffenden Kapital wird verstärkt durch das Arbeitsethos, das er und seine Familie, aber auch ihre Schwarzen Arbeiter_innen an den Tag legen. Die Ambrocks sind immer betriebsam und auch ihre Arbeiter_innen werden nie faul oder untätig gezeigt.

Das dargestellte Arbeitsethos entspricht dem Stellenwert von ›Arbeit‹ in der westdeutschen Gesellschaft in Zeiten des Wiederaufbaus. Der wirtschaftliche Aufschwung der 1950er-Jahre beruhte nicht zuletzt auf den enormen Arbeitsanstrengungen der Bevölkerung »bis Mitte der fünfziger Jahre in der Industrie eine nahezu fünfzigstündige

281 Barthel, Jung (2013), S. 25.

282 Moishe Postone: Nationalsozialismus und Antisemitismus: Ein theoretischer Versuch. In: Dan Diner (Hg.): Zivilisationsbruch. Denken nach Auschwitz, Frankfurt am Main 1988 (= Fischer-Taschenbücher), S. 242–254, hier S. 249.

283 Postone (1988), S. 250.

284 Der völkische Antikapitalismus beinhaltet auch eine Spielart des Antiimperialismus, der sich »vor allem gegen das richtete, was als westlich und liberal identifiziert wurde«. Barthel, Jung (2013), S. 39. Hintergrund dafür war unter anderem die Annahme, die Deutschen selbst seien durch den Versailler Vertrag von England und Frankreich versklavt worden. Diese Denkweise ermöglichte eine Identifizierung Deutschlands mit unterdrückten und versklavten Bevölkerungen in Afrika, Asien oder Lateinamerika und eine Einreihung des deutschen Nationalismus in weltweite nationale Befreiungskämpfe gegen die liberalen und kapitalistischen Kolonialmächte. Vgl. Barthel et al. 2013, S. 39f.

Arbeitswoche – an sechs Arbeitstagen – erreicht worden war«[285]. Die Glorifizierung von stetiger, produktiver Arbeit in *Unser Haus in Kamerun* lässt sich so in die zeitgenössischen Diskurse Westdeutschlands einordnen, mit denen die Arbeiterschaft zu enormen Leistungen motiviert wurde.

Die Arbeitsbedingungen auf der Plantage der Ambrocks wirken indes human und Georg lässt »unsere Leute ein bisschen Pause machen lassen, ist ziemlich heiß heute«. Während im Westen der Steensands durch eine Übermacht des raffenden Kapitals und der Entfremdung der Lebensweise der gesellschaftliche Verfall droht, blühen Menschen und Natur im ›Afrika‹ des Films *Unser Haus in Kamerun* förmlich auf, denn die Ambrocks haben »eine mustergültige Farm von den Ausmaßen eines europäischen Kleinstaates geschaffen.«[286] Diese Dichotomie existiert nicht nur zwischen raffendem / abstraktem und schaffendem / konkretem Kapital, sondern auch zwischen Kultur und Natur, Stadt und Land. Der Besitz der Scholle ist ein Element der nationalsozialistischen Ideologie, der die bäuerliche Familie als auf dem Land verwurzelt betrachtet. Indem Blut und Boden aneinandergekoppelt werden, erscheint das bäuerliche Leben als natürlich. Der Bauer galt in der Blut-und-Boden-Ideologie als »Lebensquell der Nordischen Rasse«[287].

So will auch Georg seine Scholle zunächst nicht verlassen, denn er verkörpert den sesshaften Arbeiter, der seinen eigenen Boden bewirtschaftet. Auch physisch entspricht er dem ›arischen Ideal‹: blond, blauäugig, athletisch. Klaas hingegen flieht wegen seiner Schulden aus Deutschland und plant, nach Südafrika gehen zu wollen. Er ist schlaksig, raucht und trinkt, er ist bereit zu einem nomadischen Leben, sieht ungesund und unberechenbar aus. Für ihn spielen Heimat, Sesshaftigkeit und konkrete Arbeit keine Rolle.

Georg erscheint in *Unser Haus in Kamerun* als Prototyp des Weißen Deutschen, in dessen Lebenswelt nicht nur die Arbeit in ihrer natürlichen Form erhalten ist, sondern auch die *Rassen* auf eine vermeintlich natürliche oder ursprüngliche Art leben und ebenso hierarchisiert sind. Tugendhafte Arbeit wird so als deutsch und Weiß codiert und einer

285 Axel Schildt: Modernisierung im Wiederaufbau: Die westdeutsche Gesellschaft der fünfziger Jahre. In: Werner Faulstich (Hg.): Die Kultur der fünfziger Jahre, München 2002 (= Kulturgeschichte des zwanzigsten Jahrhunderts), S. 11–22, hier S. 14.

286 Illustrierte Filmbühne: Unser Haus in Kamerun 1961.

287 Michael Mooslechner, Robert Stadler: Landwirtschaft und Agrarpolitik. In: Hanisch Talos (Hg.): NS-Herrschaft in Österreich 1988, S. 69–94, hier S. 74.

unmoralischen Form der Arbeit, die mit dem Westen assoziiert wird, gegenübergestellt. Darüber hinaus verknüpft *Unser Haus in Kamerun* die Blut-und-Boden-Ideologie mit deutschen Kolonialfantasien. Die Plantage der Ambrocks symbolisiert nicht nur den wirtschaftlichen Nutzen, den Kolonien für Deutschland haben könnten, vielmehr floriert die deutsche Familie Ambrock sowohl menschlich als auch wirtschaftlich. Ihre moralische Integrität positioniert sie als rechtmäßige Autorität im kolonialen Verhältnis.

Eine weitere Verknüpfung von bäuerlicher Arbeit und Deutschsein findet sich in Der dunkle Stern (1955). Hier werden die bäuerliche Arbeit und das Leben in den Alpen als exklusiv Weiß codiert. Der Film beginnt mit der beeindruckenden Weite und Weiße der schneebedeckten bayerischen Alpen. Die neunjährige Schwarze Moni lebt bei einer Pflegemutter, Frau Lechner, in einer Hütte auf einem Berg. Eines Morgens fährt sie mit Skiern von ihrem Haus auf einem Berg hinab ins Tal zur Volksschule. Auf dem Weg kommt sie an einem Baum vorbei, auf dem eine Katze sitzt und sich nicht mehr hinunter traut. Die herumstehenden Jungen sind ratlos, wohingegen Moni ganz selbstverständlich aus ihren Skiern steigt, auf den Baum klettert und die Katze wohlbehalten herunterholt. »Jeder hat sie gern, die kleine, dunkelhäutige Moni, und keiner läßt sie den Makel ihrer Herkunft spüren.«[288] Monis Leben entspricht völlig dem eines idealen deutschen Mädchens, sie ist tüchtig, athletisch, jodelt, liebt die Berge und hat ein Händchen für Tiere, ist eine gute Skifahrerin und träumt davon, Bäuerin zu werden. Als die Schüler_innen in der Schule einen Aufsatz darüber schreiben sollen, was sie werden möchten, machen sich die anderen Kinder jedoch über Moni lustig: »Eine Schwarze Bäuerin, da lachen ja die Hühner!«. Zu Hause entdeckt Frau Lechner Blut an ihrer Stirn und fragt, was passiert ist.

> Moni erklärt: *»Gerauft ham wir.«*
>
> Frau Lechner: *»Aber Moni, a Mädel und raufen!«*
>
> Moni: *»Den ganzen Schulweg ham sie mich geärgert, da bin ich wild geworden.«*
>
> Frau Lechner: *»Wie denn geärgert, was ham's denn gesagt zu Dir?«*

288 Illustrierte Filmbühne: Der dunkle Stern 1955.

Moni: *»Schwarze Bäuerin haben sie mir nachgeschrien, und ich soll nach Afrika gehen, zu den Zulukaffern.«*

Monis Wunsch, ein sesshaftes Leben als Bäuerin in der »schöne[n] Gebirgslandschaft Oberbayerns«[289] zu führen, führt zu ihrem Ausschluss. Diese Lebensform ist offensichtlich Weißen vorbehalten. Im Gegensatz zu den rassistischen Kindern werden die Erwachsenen als wohlwollend und fürsorglich präsentiert. Es steht allerdings zweifellos fest, dass Moni aufgrund ihres Schwarzseins auf keinen Fall Bäuerin werden kann und auf keinen Fall langfristig im Dorf bleiben kann.[290] Ihr Schwarzsein macht es ihr unmöglich, »a Mädel« zu sein.

Am Abend liest Frau Rieger dem Dorftierarzt Dr. Schumann Monis Aufsatz vor, indem sie ihren Wunsch, Bäuerin zu werden und einen Bauern zu heiraten, ausdrückt. Herr Schnurmann ahnt nicht, welche Schülerin diesen Aufsatz geschrieben hat und ist zunächst überzeugt, das Mädchen werde den fleißigen Bauern schon finden, den sie sich wünscht.

Frau Rieger: *»Sie wird ihn nicht kriegen.«*

Dr. Schumann: *»Wieso denn nicht?«*

Frau Rieger: *»Wissen Sie, wer das geschrieben hat? Die Moni.«*

Dr. Schumann: *»Das Negermädchen? Ach … jaja, die fühlt sich ja ganz wie'n echtes Bauernkind.«*

Frau Rieger: *»Das ist es ja gerade. Aber was soll daraus werden?«*

Dr. Schumann: *»Ja, unser Dörfchen hier. Solange sie ein Kind ist,*

289 Ebd.

290 Monis Herkunft wird dabei nicht weiter thematisiert. Das Bild der Weißen Frauen, die sich mit Schwarzen GIs eingelassen hatten, als unfähige und unwillige Mütter hatte auch den Effekt, dass in der öffentlichen Diskussion ›Mischlingskinder‹ gleichgesetzt wurde mit ›Heimkindern‹. Tatsächlich lebten gut 75 Prozent der Kinder bei ihren Müttern oder deren Verwandten. Vgl. Heide Fehrenbach: Narrating ›race‹ in 1950s' West Germany. The phenomenon of the Toxi films. In: Patricia M. Mazón, Reinhild Steingröver (Hg.): Not so plain as Black and White. Afro-German culture and history, 1890–2000, Rochester, NY 2005 (= Rochester studies in African history and the diaspora), S. 136–160, S. 187; vgl. Lemke Muniz de Faria (2002), S. 12.

geht es ja noch. Aber wenn sie mal 17 ist oder 18, dann werden sie sie hier wohl rausbeißen wie einen fremden Hund.«

Frau Rieger: *»Und dann hat sie nur Bauernarbeit gelernt, was fängt sie damit an, wo will sie dann hin? In einer Hotelküche Kartoffeln schälen oder Zigaretten verkaufen in St. Pauli?«*

Der Rassismus der Dorfbevölkerung wird hier als unveränderbar präsentiert und es erscheint als die Aufgabe der aufgeklärten Erwachsenen, eine ›Lösung‹ für Moni zu finden, denn das sesshafte Bäuerin-Sein ist ausnahmslos Weißen bayerischen Mädels vorbehalten.[291] Auch wenn sie im Dorf groß wird und alle sie kennen, hätte sie als junge – geschlechtsreife – Frau keine Chance mehr.[292]

Moni scheint aber nicht nur das Leben als Bäuerin, sondern, nach der Aussage von Frau Rieger, auch eine berufliche Ausbildung generell verwehrt. Frau Rieger und Dr. Schumann vermitteln Moni an einen Münchner Zirkus, weil sie der Meinung sind, sie sei für einen künstlerischen Beruf geschaffen, obwohl es dafür keine besonderen Anhaltspunkte gibt. Zu vermuten ist, dass erneut Monis Schwarzsein genügt, um ihre Möglichkeiten und Fähigkeiten zu definieren. Im Zirkus leidet sie unter starkem Heimweh nach den Bergen, entwickelt aber auch Gefallen am Artistenleben und findet in dem blinden Manuel einen neuen besten Freund. Ihr Auftritt als »kleiner Clown mit schwarzem Wuschelkopf, großen Clownsschuhen, in verschlissenem, schlotterndem Gewand«[293] ist erfolgreich und der Artist Casseno übt eine neue Nummer mit ihr, in der sie eine singende Baumwollpflückerin bei der Ernte darstellt. Während Moni durch ihr Leben im Zirkus gezwungen ist, ein

[291] Der Zusammenhang zwischen Heimat, Alpen und Weißsein wird in Kapitel 4.3.4 ausführlicher thematisiert.

[292] Diese Verschiebung der Rolle, die eine weibliche Schwarze Person spielen kann, findet sich auch auf realer Ebene in den Rollen der Elfriede Fiegert wieder. Nach den Hauptrollen in *Toxi* und *Der dunkle Stern* spielt sie als junge Frau in *Das Haus in Montevideo* (BRD 1963) nur noch eine Statistenrolle als exotische Schönheit. Heide Fehrenbach fasst zusammen: »For the purpose of this argument, however, the important points are three: first, that the onset of puberty demoted Elfriede Fiegert from leading roles to bit speaking parts. Second, it altered the roles into which she was typecast from black occupation child to exoticized, sexualized beauty. And third, it changed the location of her character from Germany to abroad, a transition that was already underway in Der dunkle Stern.« Fehrenbach (2005), S. 129.

[293] Illustrierte Filmbühne: Der dunkle Stern 1955.

nomadisches Leben zu führen und sich selbst als kurioses Anschauungsobjekt zu verkaufen, so spiegeln auch die Rollen als Clown oder Baumwollsklavin, die sie in der Manege spielt, ihr Schwarzsein wider. Am Schluss des Films akzeptiert Moni ihr neues Leben im Zirkus. Das Programm zum Film prophezeit: »Und eines Tages wird sie diese Welt lieben und ganz in ihr heimisch sein – ein dunkler Stern am strahlenden Artistenhimmel.«[294]

Der dunkle Stern (re-)produziert die deutsche Gemeinschaft als Weiß, ländlich und bäuerlich. Moni akzeptiert letztlich ihren Ausschluss und das Artistendasein im Zirkus als neues Leben, was wiederum der Exklusivität des Weißen Kollektivs Legitimität und Sinn verleiht. Besondere Betonung findet auch hier das Motiv der Arbeit, indem die sesshafte bäuerliche Arbeit und das Führen eines Hofes als Weiß codiert werden. Schwarzsein hingegen wird am Rand der Gesellschaft in der Zirkuswelt verortet, wo es zur Unterhaltung eines Weißen Publikums dienen kann, aber selbst nicht ›schaffend‹ tätig wird.

4.3.2 Die Fähigkeit zur Kolonisation

Die tugendhaften Weißen Deutschen kristallisieren sich in den untersuchten Filmen als fähige Kolonialherren heraus, indem ihre eigene moralische Integrität und Überlegenheit sowie die Zufriedenheit der Untergebenen dargestellt wird. Diese spiegeln durch ihre Treue, ihren vorauseilenden Gehorsam und ihre Abhängigkeit die Qualität und Angemessenheit ihrer kolonialen Beherrschung durch einen Weißen Mann. Hier finden sich auch die drei Grundbilder der Darstellung von rassifizierter Differenz, die Stuart Hall ausgemacht hat, nämlich Sklavenfigur, der Typus des ›Eingeborenen‹ und der des ›Clowns‹ oder ›Entertainers‹.

So erscheint die Familie Ambrock in *Unser Haus in Kamerun* nicht nur als Typ guter deutscher Arbeiter, sondern auch als gute Kolonialherren. Sie herrschen laut Programmheft »über ein Heer treu ergebener Eingeborener«[295]. Die Betonung der Treue der Untergebenen dient als Beweis für die Qualifikation der Ambrocks als Herrschende. Die Plantagenarbeiter_innen in *Unser Haus in Kamerun* drücken ihre Zufriedenheit durch permanentes Singen und Trommeln aus, ob sie nun gerade auf einem LKW zur Plantage gefahren werden oder auf den Fel-

294 Ebd.

295 Illustrierte Filmbühne: Unser Haus in Kamerun 1961.

dern arbeiten. Die Ambrocks nutzen ihrerseits ihre übergeordnete Position nie aus, sondern zeichnen sich durch eine besondere Nähe und eine väterliche Art gegenüber ihren Untergebenen aus. So sprechen Georg und sein Vater Willem beide Suaheli und können direkt mit den Arbeiter_innen kommunizieren.[296]

Die Harmonie im Verhältnis zwischen beiden Seiten wird in einer Szene deutlich, in der Georg am Steuer eines Jeeps sitzt und die Arbeiter_innen zur Arbeit fährt. Die Sonne scheint, die Schwarzen singen und alle strahlen vor Glück und Zufriedenheit. Georg wird durch seine Platzierung am Steuer bereits als Führungsfigur positioniert. Während die Arbeiter_innen, die alle Schwarz sind, bunte Kleidung tragen, wird Georg außerdem durch sein strahlend weißes Polohemd ein zweites Mal als Weiß markiert. Die Untermalung der Szene mit triumphierender Musik verweist schließlich darauf, dass hier ein Idealzustand erreicht ist: der Triumph der natürlichen Rangordnung, an deren Spitze ein gleich doppelt als Weiß markierter Weißer Mann eine Gruppe ihm untergebener Schwarzer anführt. Als Georg anhält und mit seiner ersten Freundin Manuela im Gebüsch verschwindet, johlen die Arbeiter und rufen: »Lass Dir Zeit, Bwana!«. Durch das positive, geduldige, mitfühlende Verhalten der Arbeiter_innen wird Georg als korrekter, freundlicher und allseits akzeptierter Herr präsentiert. Auch der Schwarze Hausdiener »Bismarck« ist positiv gegenüber Georg eingestellt. Er freut sich über Georgs Rückkehr aus der Stadt, besonders, da Georg ihm sein repariertes Gebiss mitgebracht hat. Ihn scheint nicht zu stören, dass Georg ihn wie ein Kind behandelt, indem er das Gebiss hinhält und wegzieht, als Bismarck danach greifen will, oder dass er sich über ihn lustig macht, indem er seine Redeweise mit tiefer Stimme nachahmt. Bismarck ist ganz offensichtlich zufrieden mit seiner Rolle als infantilisierter Untergebener der Ambrocks. Verstärkt wird der Eindruck von Bismarcks Loyalität noch durch den Kommentar von Tante Edith, die zu Doris kurz nach ihrer Ankunft sagt, auch sie habe sich anfangs »sogar« vor Bismarck gefürchtet.

Die engagierte Tante Edith, Willem Ambrocks Schwester, ist Ärztin und behandelt Schwarze, die geduldig in einer Reihe vor ihrem Arbeitstisch auf einem strahlend grünen, üppigen Rasen im Garten Schlange stehen. »So leistet jeder auf dem ihm zugewiesenen Platz sein Bestes«[297]

296 Was insofern absurd ist, als dass der Film in Kamerun spielt, wo kein Suaheli gesprochen wird.

297 Illustrierte Filmbühne: Unser Haus in Kamerun 1961.

kommentiert das Programmheft. Während die lange Schlange einerseits einen hohen Bedarf an beziehungsweise eine große Nachfrage nach Ediths ärztlichem Können suggeriert, wird andererseits die Botschaft transportiert, außer Edith gäbe es sonst niemanden in der Gegend, der medizinische Kenntnisse hätte und die Menschen versorgen könnte. In einer Szene wird Edith ins Krankenhaus gerufen, welches Willem Ambrock gestiftet hat, als dort eine Geburt stattfindet. Edith übernimmt also nicht nur eine zentrale Rolle für das Wohlergehen der Gesellschaft, diese ist sogar bei ihrer eigenen Reproduktion auf die Familie Ambrock angewiesen. Die Ambrocks bieten den Einheimischen also nicht nur gute Arbeitsbedingungen, sondern auch medizinische Versorgung und moderne Technik. Sie erscheinen als Heilsbringer_innen für die lokale Bevölkerung und diese wiederum als von ihnen abhängig. Das positive Bild der Ambrocks wird regelmäßig musikalisch bestärkt, indem Aufnahmen der Arbeiter_innen oder das Wohnhaus der Ambrocks mit fröhlicher Musik unterlegt werden.

Alle Schwarzen Personen in dem Film werden als harmlos dargestellt und zeigen sich stets froh und dankbar dafür, von den überlegenen Weißen geführt und versorgt zu werden. Diejenigen, die für die Ambrocks arbeiten, werden daher als Sklavenfiguren im Sinne Stuart Halls dargestellt. Daneben werden auch Schwarze als Typ ›Eingeborene‹ gezeigt, die jedoch ebenfalls als völlig ungefährlich inszeniert werden. Die Darstellung der treuen Untergebenen funktioniert dabei als Beleg für die Fähigkeit zu Herrschaft und Kolonisation der Weißen. Dieses Motiv ist in der deutschen Geschichte nicht neu, sondern funktioniert analog zum Bild des ›treuen Askari‹. Askaris wurden Kolonialsoldaten aus Deutsch-Ostafrika genannt, die im Ersten Weltkrieg für die deutsche Schutztruppe gekämpft hatten. Auch hier wurde die angebliche Treue der Schwarzen politisch instrumentalisiert:

> *»Die Tatsache, dass diese afrikanischen Soldaten bis zum Kriegsende in der deutschen Kolonialtruppe geblieben waren,* [wurde] *für die Deutschen ein Beweis dafür, dass sie fähig zur Kolonisation waren«*[298]

Nach dem Mythos des ›treuen Askari‹ hatten sie dies aus Loyalität zu den Deutschen getan, weil sie die deutsche Kolonialmacht gutgehei-

[298] Stefanie Michels: Der Askari. In: Jürgen Zimmerer (Hg.): Kein Platz an der Sonne. Erinnerungsorte der deutschen Kolonialgeschichte, Bonn 2013 (= Schriftenreihe / Bundeszentrale für Politische Bildung), S. 294–308, hier S. 297.

ßen hätten. Dieser Mythos entstand in der deutschen Gesellschaft nach Verlust der Kolonien durch den Versailler Vertrag und diente dazu, den deutschen Anspruch auf Kolonien zu untermauern.[299] Werden die Schwarzen in den untersuchten Filmen als uneingeschränkt treu und loyal gegenüber ihren deutschen Beherrschern dargestellt, so bedient dies ebenfalls den Mythos von der guten deutschen Kolonialherrschaft und legitimiert das Ausbeutungsverhältnis, in dem die Ambrocks zu ihren Angestellten und Dienern stehen. Bedeutet die »Abbildung des afrikanischen Kolonialsoldaten beständig eine Erneuerung des deutschen Anspruches auf diese Gebiete und auf den Status als Kolonialmacht«[300], so lässt sich Gleiches auch für die Abbildung des treuen Untergebenen in den hier untersuchten Filmen sagen.

Das Stereotyp von Schwarzen als treue Diener entspricht darüber hinaus einem lange tradierten Grundmuster rassifizierter Darstellungstraditionen, welches Stuart Hall »die vertraute Sklavenfigur«[301] genannt hat. Der Sklaventyp ist wie die Arbeiter_innen der Ambrocks »zuverlässig und auf eine einfache, kindliche Weise liebend« und »›seinem‹ Herrn zugetan und ergeben«[302].

Die Darstellung der untergebenen Schwarzen in *Unser Haus in Kamerun*, die an tradierte rassistische Stereotype anknüpft, dient als Legitimation der Weißen Herrschaft. Durch die Darstellung der Schwarzen Arbeiter_innen als fleißig, zufrieden und sogar als Profiteure des kolonialen Verhältnisses, schälen sich die Ambrocks als umso fähiger und tugendhafter heraus. Die Darstellung der Fähigkeit zur Kolonisation legitimiert ein deutsches Streben nach globaler Macht und dem Besitz von Kolonien.

In *Liane, das Mädchen aus dem Urwald* erscheinen die Schwarzen Personen als intellektuell und moralisch den Weißen deutlich unter-

299 Tatsächliche Gründe, warum Ostafrikaner_innen für die Deutschen kämpften, waren nach heutigen Forschungen allerdings vielmehr die Bezahlung oder das Prestige, das mit dem Tragen einer Uniform verbunden war. Während des Krieges Soldat zu sein, bot auch eine gewisse Sicherheit, denn Zivilisten waren der Willkür und Brutalität der Soldaten aller Länder ausgeliefert. So weist Thomas Morlang darauf hin, dass von den mehr als 15.000 Askari, die im Ersten Weltkrieg in der Schutztruppe Ostafrikas kämpften, ein Fünftel desertierte und die Mehrzahl derjenigen, die in Gefangenschaft gerieten, für andere Kolonialmächte weiterkämpften. Vgl. Thomas Morlang: Askari und Fitafita. »Farbige« Söldner in den deutschen Kolonien, Berlin 2008, S. 92.

300 Michels (2013), S. 297.

301 Hall (1989a), S. 160.

302 Ebd.

legen. Dabei finden sich alle drei Grundbilder der Darstellung von Schwarzen, die Stuart Hall ausgemacht hat, nämlich Sklavenfigur, ›Eingeborene‹ und der ›Clown‹ oder ›Entertainer‹.

Tanga, Lianes treuer Beschützer, erscheint zunächst als Sklavenfigur. Er lässt Liane unter Inkaufnahme hoher Risiken nicht aus den Augen und folgt ihr sogar heimlich auf das Schiff, welches sie nach Hamburg bringen soll. Er wird als ihr untergebener Diener präsentiert, dessen Treue keine Grenzen kennt. Im Haus von Amelongen wird er im Gartenhäuschen einquartiert und schleicht sich nachts zu Lianes Zimmer, um auf dem Fußboden vor ihrer Tür zu nächtigen. Diese Form der Treue, die an einen treuen Hund erinnert, vermittelt die Vorstellung einer natürlichen Hierarchie: So wie der Hund den Menschen als natürliche Leitfigur betrachtet, so geht auch Tanga in seiner Rolle als ergebener Diener auf. Als er auf den alten Amelongen trifft, kniet er sogleich vor ihm nieder und legt dessen Hand auf seinen Kopf. Ohne darum gebeten worden zu sein, signalisiert er damit sofort, dass er sich der Überlegenheit des Weißen alten Mannes vollkommen bewusst ist.

Seine Naivität funktioniert in dem Film auch als Unterhaltungselement, wenn er zum Beispiel slapstickartig auf dem Hamburger Jungfernstieg erst vor ein Auto und dann vor eine Straßenbahn läuft, weil er offenbar keine Ampeln kennt. Während seines Aufenthalts in Hamburg wandelt sich Tanga von der Figur des treuen Sklaven zum Typ des Entertainers. Der Kontakt mit der Zivilisation, so die unterschwellige Botschaft, nimmt ihm seine Unschuld. Bei seiner Rückkehr in das Dorf der Wodo wird Tanga als »›Hosen-Neger‹«[303] inszeniert, er trägt einen hellen Anzug, einen Strohhut, weiße Handschuhe und raucht eine Zigarre. Bei diesem Typus »ist niemals ganz klar, ob wir mit ihm oder über ihn lachen«[304].

Die Wodo hingegen verkörpern als Gruppe den ›Eingeborenen‹, der eine gute sowie eine schlechte Seite hat. So kann er als edler und anständiger ›Wilder‹, aber auch als betrügerischer und arglistiger ›Barbar‹ dargestellt werden.

> *»Bis heute wimmelt es in der Massenkultur von zahllosen wilden und ruhelosen ›Eingeborenen‹, und die Tonaufnahmen wiederholen beharrlich den dröhnenden Laut nächtlicher Trommeln, die Andeutung primitiver Riten und Kulte.* […]. *Man sieht sie jeden Augenblick aus der Dunkelheit auftauchen, um die schöne Heldin*

303 Baer (2006), S. 155.
304 Hall (1989a), S. 161.

zu enthaupten, die Kinder zu kidnappen, das Lager niederzubrennen; sie drohen, den unschuldigen Forscher oder den Kolonialverwalter und seine Gattin zu kochen und aufzufressen. Solche ›Eingeborenen‹ bewegen sich stets als eine anonyme gemeinschaftliche Masse – in Stämmen oder Horden.«[305]

Die Wodo in *Liane, das Mädchen aus dem Urwald* werden in dem von Hall beschriebenen Stil als primitiver ›Stamm‹ von ›Wilden‹ dargestellt. Sie tanzen und musizieren, kochen oder sitzen vor ihren Strohhütten. Die Mädchen führen häufig und fast vollständig nackt ihren »Pythonschlangentanz« und andere Rituale durch. Das Leben der Wodo wird mit Trommelklängen untermalt, sie treten – mit Ausnahme von Liane und Tanga – immer als Gruppe auf. Ihre Waffen sind Speere, Schilder und Giftpfeile und sie tragen bedrohlich wirkende ›Kriegsbemalung‹. Als sie im Dschungel auf Thoren treffen, wollen sie ihm sogleich mit einem großen Messer den Kopf abschneiden. »In allerletzter Sekunde rettet ihn die Weiße Göttin vor ihren kannibalistischen Untertanen.«[306]

Die Schwarzen Männer, die die deutsche Expedition begleiten, werden als untergebene Diener dargestellt. Gleich zu Beginn des Films schlägt sich Thoren, der Weiße Held, durch den Dschungel, begleitet von mehreren westlich gekleideten Schwarzen Männern. Einer der Männer sieht einen Tukan[307] und wundert sich, dass Thoren ihn nicht erschießt. Mit einer geduldigen und sanftmütigen Stimme erwidert Thoren: »Immer gleich totmachen, wie?«. Kurz darauf sieht der Schwarze eine Schlange, ruft Thoren herbei und gibt ihm eine Machete, woraufhin dieser die Schlange zerschneidet. Dieser unspektakulären Tat Thorens wird sogleich erleichterter Respekt gezollt: »Sehr gut«, betonen die Schwarzen Männer der Gruppe. Thorens Unterstellung, die Schwarzen würden auch für den Menschen ungefährliche Tiere wie den Tukan »immer gleich totmachen«, impliziert, dass es ihnen an Kenntnissen der Natur fehlt und auch einem Gespür dafür, dass es schöne, erhaltens- und schützenswerte Natur gibt. Zusammen mit Thorens ruhiger, kontrollierter und besonnener Art verweist dieser Kommentar auch auf den Mangel an Selbstkontrolle und moralischen Fähigkeiten,

305 Ebd., S. 160f.

306 Baer (2006), S. 154.

307 Für die Darstellung von Exotik in *Liane, das Mädchen aus dem Urwald* ist es offenbar irrelevant, ob die gezeigten Tiere tatsächlich in der afrikanischen Natur vorkommen oder nicht. Tukane sind jedenfalls in Lateinamerika beheimatet.

also darauf, dass die Schwarzen selbst nicht in der Lage seien, mit dem Dschungel und den darin lebenden Tieren umsichtig, effektiv und vernünftig umzugehen. Die Darstellung der Schwarzen in dieser Szene ist stereotyp: Sie sind ungebildet, dumm, unmoralisch, haben keinen Sinn für Ästhetik und sind darüber hinaus dankbar dafür, dass der Weiße Mann, der als gebildet, intelligent und moralisch erscheint, die Führung der Gruppe und das situative Handeln und Entscheiden übernimmt.

Die Geschichte von Chiachi/Liane ist eine Variante der Geschichte von Tarzan, dem von Edgar Rice Burroughs erfundenen Urwaldmann.[308] Bereits der Name ›Liane‹ ruft im Deutschen die Assoziation mit Tarzan wach. Liane trägt wie Tarzan nur einen Lendenschurz, schwingt sich an einer Liane über einen Teich im Dschungel und wohnt in einem Baumhaus. Auch sie ist das Kind einer privilegierten Weißen europäischen Familie, wird im Urwald von einer unter ihr stehenden *Rasse* großgezogen (bei Tarzan sind es Affen, bei Liane Schwarze Menschen), auch sie erweist sich in der Urwaldrealität als stark, schön und überlegen und wird verehrt, auch sie verliebt sich schlagartig in einen Teilnehmer einer Expedition so wie Tarzan in Jane, doch es kommt auch in Liane nicht einmal zur Andeutung sexueller Handlungen zwischen ihnen. Die Figur des Tarzan hebt sich als stark, schön und schlau ab von zwei anderen Männlichkeiten, nämlich den ›wilden‹ Schwarzen Männern und den kriminellen Männern der Weißen Unterschicht. So wird auch Chiachi/Liane aufgrund ihrer körperlichen Eigenschaften als edel bewertet. Die Wodo verehren sie als Göttin, aber auch Thoren stellt fest: »Ja, sie ist intelligent. Sehen Sie sich doch den Gesichtsschnitt an. Und die Augen. Ich meine, sie muss aus einem sehr guten Stall sein.« In der Tierzucht-Metapher findet sich ein klarer Bezug zu *Rasse* ebenso wie durch die Verknüpfung der körperlichen Merkmalen Gesicht und Augen mit Intelligenz. Obwohl Liane ihr Leben lang bei den Wodo gelebt hat, gibt es doch einen inneren Kern, der von allen äußeren Dingen unbeeinflusst bleibt. Dieser unveränderliche, reine Kern ist ihr *rassisch* verstandenes Weißsein, welches sie auch in den Augen der Wodo zur überlegenen Göttin macht. Weißsein bedeutet Intelligenz und Überlegenheit, die auch durch eine Sozialisation im Dschungel nicht verloren geht, da sie den Weißen von Natur aus angeboren ist. Für Liane bewirkt der Kontakt mit der Zivilisation im Gegensatz zu Tanga keinen Wan-

[308] Edgar Rice Burroughs: Tarzan bei den Affen. Erlebnisse eines von Menschenaffen Geraubten, Stuttgart 1924.

del zum ›Hosen-Neger‹. Doch auch sie unterwirft sich bereitwillig der Führung des Weißen Mannes.

Die Darstellung des rassifizierten Anderen dient in den hier untersuchten Filmen als Beleg der Weißen Überlegenheit und der Fähigkeit der Deutschen zur Kolonisation.

Die natürliche Überlegenheit der Weißen, die *White Supremacy*, wird dabei als so offensichtlich inszeniert, dass sie kaum einer gewaltvollen Durchsetzung bedarf. Auch die Schwarzen Figuren in den Filmen *Unser Haus in Kamerun* und *Liane, das Mädchen aus dem Urwald* sind sich ihrer eigenen Unterlegenheit gegenüber den Weißen selbstverständlich bewusst und leisten daher keinerlei Widerstand, sondern akzeptieren ganz im Gegenteil ihren eigenen Status als Untergebene bereitwillig.

4.3.3 Moralische Überlegenheit als kolonialer Machtanspruch

Fähigkeit und Legitimation der Deutschen zur Kolonisation werden in den vorliegenden Filmen auch im Vergleich zum Typus des unfähigen Kolonialherren herausgestellt. Der unfähige Kolonialherr verhält sich moralisch inkorrekt und muss seinen Herrschaftsanspruch mit Gewalt durchsetzen. Sein Handeln ist allein durch Gewinnstreben und dem Wunsch nach dekadentem Vergnügen motiviert. Diese Figur tritt häufig als Repräsentant eines angloamerikanisch beeinflussten Westens in Erscheinung.

Der Gegensatz zwischen dem anständigen Georg und dem egoistischen Klaas in dem Film *Unser Haus in Kamerun* artikuliert sich ein weiteres Mal anhand von Klaas' Verhalten auf der Plantage. Klaas fährt nach Kamerun, um dort Doris zurückzugewinnen. Bereits bei seiner Ankunft ist er betrunken und verhält sich gegenüber Doris, die ihn vom Flughafen abholt, durchgehend respektlos. Er respektiert ihre Entscheidung, mit einem Anderen zu leben, nicht und bedrängt sie, mit ihm nach Südafrika zu gehen. Als sie am Haus der Ambrocks eintreffen ist er beeindruckt davon, dass die Schwarzen für ihn »flitzen« und seine Koffer ins Haus tragen. Die Ambrocks nehmen ihn zunächst freundlich auf, da er der Sohn von Reeder Steensand ist, doch Klaas benimmt sich schlecht. Er trinkt schon zum Frühstück Alkohol und will mit einem heimlich entwendeten Gewehr wildern gehen. Als er betrunken unter einem Baum in der Savanne steht und auf einen Löwen schießen will, bemerkt er nicht, dass sich von oben eine Schlange nähert. Im letzten Moment kann Willem Ambrock, der die Situation zufällig beobachtet, Klaas retten, indem er zielsicher auf die Schlange schießt. Es wird offensichtlich, dass Klaas nicht in der Lage ist, das Leben in der afrikanischen Wildnis zu meistern. Während die Ambrocks nicht nur ihre Schwarzen Angestellten gut behandeln, sondern auch die afrikanische Natur zu beherrschen wissen, erweist sich Klaas als völlig ungeeignet dafür. Sein Lebensstil ist nicht nur dekadent, sondern, so wird an seinem unkontrollierten Alkoholkonsum deutlich, sogar krankhaft und ungesund. Seine missratene Existenz erklärt sich filmimmanent aus seiner Herkunft aus sowohl einer reichen Kaufmannsfamilie als auch aus einer westlichen, *verwestlichten* Stadt.

Verwestlichung und Konsumkultur galten in den 1950er-Jahren stärker noch als heute als Westimporte – vor allem aus den USA, aber auch aus England – die die deutsche Gesellschaft nachhaltig verändern und womöglich zerstören. In Deutschland »herrschten [...] manifeste Überlegenheitsgefühle gegenüber der zivilisatorisch weit entwickelten, dafür allerdings geistig-kulturell zurückgebliebenen ›neuen Welt‹ vor«[309]. Das Motiv des westlichen Kaufmanns oder Bankiers, der als Kolonialherr ungeeignet ist, da er nur sein eigenes Wohlergehen und seinen eigenen Profit verfolgt, ist zugleich ein tradiertes Narrativ des deutschen Films und findet sich auch in NS-Kolonialfilmen wie *Ohm Krüger* (1941)[310], *Carl Peters* (1941)[311], *Die Reiter von Deutsch-Ostafrika* (1934)[312], *Das Lied der Wüste* (1939)[313]. Häufig sind es deutsche Männer (oder solche, die als Teil eines germanischen Kollektivs begriffen wurden, wie Buren oder Schweden), die hehre Absichten in kolonisierten Ländern verfolgen, indem sie als Arzt, Architekt oder Ingenieur die Infrastruktur des Landes aufbauen, Menschen heilen und Leben retten[314]. Diese Darstellungstradition findet sich auch in den Filmen der Nachkriegszeit, teils in subtileren Formen. War es nach dem Ersten Weltkrieg, als Deutschland seine Kolonien verloren hatte, vor allem eine Legitimationsstrategie eines fortbestehenden deutschen Kolonisierungswillens, diente sie während des Nationalsozialismus zur propagandistischen Abwertung Englands.

309 Schildt 1999, S. 15.
310 Hans Steinhoff, Karl Anton, Herbert Maisch: Ohm Krüger 1941.
311 Herbert Selpin: Carl Peters 1941.
312 Herbert Selpin: Die Reiter von Deutsch-Ostafrika 1934.
313 Paul Martin: Das Lied der Wüste 1939.
314 So finden sich auch in den hier untersuchten Filmen mit Edith aus *Unser Haus in Kamerun* und Jacqueline in *Liane, das Mädchen aus dem Urwald* zwei Ärztinnen, die in Afrika arbeiten. Dr. Schumann in *Der dunkle Stern* ist zwar Tierarzt in Deutschland, gibt aber trotzdem den entscheidenden Rat, als es um die Zukunft des Schwarzen Mädchens Moni geht.

Diese negative Darstellung des ›Westens‹ als moralische Abgrenzung in der Zeit nach dem Zweiten Weltkrieg lässt sich als Versuch deuten, durch den Verweis auf Deutschlands Fähigkeit zur Kolonisation eine moralische Überlegenheit wiederherzustellen, die durch den Versailler Vertrag, aber auch durch Nationalsozialismus und Holocaust deutlichen Schaden genommen hatte. Der Mythos der geordneten deutschen Kolonialherrschaft wird hier zum Argument im Deutungskampf zwischen den verschiedenen Kolonialmächten.

In *Liane, das Mädchen aus dem Urwald* (1956) wird durch die Darstellung einer Diskrepanz zwischen ›guten‹ und ›schlechten‹ Weißen Männern die Vorstellung genährt, es gäbe Weiße Menschen, vor allem Männer, die mit ihren guten Absichten und sauberen Methoden alles Recht hätten, in anderen Ländern Tiere und Menschen zu fangen und zu entführen. Thoren und Professor Danner, der Leiter der Expedition, ziehen mit Kamera, Fernglas und Tonbandgerät los, um nach der Weißen Frau zu suchen, die Thoren im Dschungel gesehen hat. Sie beobachten, wie sie nackt in einem Teich badet, doch Chiachi / Liane bemerkt sie und läuft davon.

> Thoren: *»Schade, ich hätte gern noch ein paar Aufnahmen von ihr gemacht.«*
>
> Danner: *»Los, packen Sie ein. Morgen früh sehen wir zu, dass wir mit den Wodos ins Palaver kommen.«*
>
> Thoren: *»Glauben Sie, die werden uns das Mädchen freiwillig überlassen?«*
>
> Danner: *»Sie müssen! Wir können sie doch nicht allein hier im Urwald lassen.«*

Direkt im Anschluss, als Chiachi / Liane flieht, wird sie von Keller und Kersten gefangen und ins Camp der Expedition gebracht. Professor Danner ist wütend.

> Danner: *»Da habt ihr uns ja was Schönes eingebrockt!«*
>
> Keller: *»Wegen der Kleinen da?«*
>
> Danner: *»Ja glaubt ihr denn, die Wodos ließen sich das gefallen?«*

Keller: *»Was soll'n die schon machen.«*

(Thoren kommt hinzu und ist empört, als er sieht, dass Chiachi / Liane immer noch im Fangnetz eingewickelt ist)

Thoren: *»Verdammt noch mal, ihr könnt sie doch nicht zusammenschnüren wie ein wildes Tier!«*

Keller: *»Ist ja auch nicht mehr als ein Tier!«*

(Chiachi / Liane beißt Thoren in den Arm, als er sie aus dem Netz befreien will.)

Thoren: *»Au! Was beißt du mich denn ...?«*

Keller (packt Chiachi / Liane): *»Sie ist doch ne Katze!«*

Thoren: *»Loslassen! Werd schon alleine mit ihr fertig.«*

(Thoren hält Chiachi / Lianes Kopf liebevoll, wie bei einem Kind):

Thoren: *»Na? Was hast Du denn, Kleine, ich tu Dir doch nichts. Hast Du vielleicht Hunger, mh?«*

Er greift nach einer Banane und bietet sie ihr an. Sie beißt ab.

Unter den Expeditionsteilnehmer_innen herrscht Einigkeit darüber, dass Liane / Chiachi nicht im Urwald bleiben kann und es ihre Pflicht ist, sie mit nach Europa zu nehmen. Doch während Professor Danner und Thoren den diplomatischen Weg beschreiten und die Wodo fragen wollen, fangen Keller und Kersten sie wie ein Tier. Thoren ist ruhig und liebevoll und befreit Chiachi / Liane aus dem Netz. Sein Recht auf die Macht ist so frei von Zweifel, dass er es kaum nötig hat, auf Gewalt oder Brutalität zurückzugreifen. Sowohl Keller als auch Thoren behandeln Liane in dieser Szene wie ein Tier. Doch für Keller ist sie eine gefährliche Raubkatze (»sie ist doch 'ne Katze!«), die mit physischer Gewalt gebändigt und kontrolliert werden muss. Thoren behandelt Chiachi / Liane eher wie ein zu zähmendes Äffchen. Ihre Animalisierung wird von allen Beteiligten mitgetragen, doch Thoren ist in der Lage, durch ›artgerechten‹ Umgang nur ein Minimum an körperlicher Gewalt anwenden zu müssen. So gewinnt er Chiachi / Liane für sich, indem er ihr seine Überlegenheit durch Milde, Nachsicht und Geduld deutlich macht. Kurz darauf greifen die Wodos das Camp an, um Chiachi / Liane zu befreien. Die Weißen Männer greifen zu ihren Waffen und machen sich bereit, das Camp zu verteidigen.

> Keller: *»Den werden wir's zeigen!«*
>
> Thoren: *»Eigentlich haben die Wodos vollkommen recht, nachdem wir ihnen das Mädchen geraubt haben …«*
>
> Keller (zielt mit seinem Gewehr): *»Unsinn! Wer zuerst schießt, hat recht.«*
>
> Thoren (drückt Kellers Gewehr nach unten): *»Falsch, hat Unrecht!«*

Thoren artikuliert in dieser Szene seine Einschätzung, dass das Verhalten von Keller und Kersten moralisch falsch war und sie Chiachi / Liane zu Unrecht »geraubt« haben. Keller postuliert das Recht des Stärkeren und Überlegeneren. Letztlich ist es Thorens Einfall, die mit dem Tonbandgerät aufgenommenen Trommelklänge abzuspielen, welche die Wodo in die Flucht schlagen. Damit haben die Weißen den Kampf um die Frau gewonnen, allerdings nicht durch Gewalt, wie Keller es bevorzugt hätte, sondern durch Intelligenz und technische Überlegenheit. Das Tonbandgerät wird so zur Waffe und die Wodo werden mit ihren eigenen Waffen geschlagen.[315] Professor Danner und Kersten lachen vergnügt: »Das war zu viel für sie!« Und auch Keller klopft Thoren anerkennend auf die Schulter: »Großartig, Thoren!« Thoren hat mit dieser List zusätzlich zu seinem moralisch einwandfreien Verhalten gezeigt, dass er schlauer ist als die Wodo – und schlauer als Männer wie Keller und Kersten. Diese könnten die Wodo zwar mithilfe der europäischen Schusswaffen, die sie mit sich tragen, bezwingen, aber ein Recht dazu hätten sie nicht, da ihnen die moralische und intellektuelle Stärke eines Thoren fehlen.

Nicht das koloniale Verhältnis an sich wird in *Liane, das Mädchen aus dem Urwald* infrage gestellt, sondern nur seine konkrete Form. Figuren wie Keller und Kersten, die ihre Macht mit Gewalt ausüben, erscheinen als ungeeignete Kolonialherren. Demgegenüber können sich

[315] Vgl. Figge (2015), S. 268.

Figuren wie Professor Danner, besonders aber Thoren, als diplomatisch, menschlich und fähig auszeichnen.

Die hier untersuchten Filme präsentieren einen ›sauberen‹ deutschen Kolonialismus, in dem es keine Geschädigten, sondern nur Gewinner gibt. Die männlichen Helden als moralische Leitfiguren demonstrieren anschaulich das Bild des guten Kolonialisten und verweisen auf ein Verständnis von Kolonialismus als Verantwortung. Diese Umdeutung des gewaltvollen Kolonialverhältnisses dient der Legitimation des Macht- und Beherrschungsanspruches des Weißen deutschen Mannes.

4.3.4 Rekonstruktion der Weißen deutschen Heimat

In den hier untersuchten Filmen lässt sich eine Rekonstruktion der deutschen Heimat als Ort von stabiler Geschichtslosigkeit und Weißer Eindeutigkeit nachweisen. Die Heimat steht für positiv konnotierte Werte wie Tugend, Anständigkeit und Ehrlichkeit, aber auch Familie, Freundschaft und Treue sowie Kirche und Häuslichkeit. Die Vorstellung einer reinen, unpolitischen und jungfräulichen Heimat wird filmisch mit Weißsein und Gender verknüpft und erscheint als Gegenpol zur verdorbenen Welt des uneindeutigen und internationalen Westens. Gleichzeitig erscheint die Heimat als zeitloser Ort authentischen Deutschseins, der einen unbefangenen Bezugspunkt für die deutsche Identität ermöglicht.

In *Unser Haus in Kamerun* werden Deutschland und Afrika miteinander verknüpft, sodass ein Kontrast zwischen Deutschland und Afrika auf der einen Seite und der westlichen Welt auf der anderen Seite entsteht. Vor allem aber wird der afrikanische Boden als deutscher Ort (um-)definiert und erscheint als Projektionsfläche für kolonialistische Heimatfantasien.

Georg, der als Prototyp des ehrlichen, fleißigen und tugendhaften deutschen Mannes fungiert, wird von seinen neuen Hamburger Bekannten »afrikanischer Urwaldjunge« genannt und auch er selbst identifiziert sich mit Afrika: »Bei uns in Afrika …« oder »ich war noch nie in einer Oper, ich komm nämlich aus Afrika«. Georg erzählt Doris, in die er sich verliebt hat, schwärmend von der Natur und den exotischen Tieren in Kamerun:

> Georg: *»Sehr sehr schön ist es, die Weite, die Farben, die Tiere. Es kann ihnen zum Beispiel passieren, dass ihnen mitten auf der Straße Elefanten, Leoparden, Löwen oder Giraffen begegnen.«*

Doris: *»Was denn, mitten in der Stadt?«*

Georg: *»Nein, nein, nein, nein, nein, im Busch natürlich. Sie müssen uns einmal besuchen, Sie glauben gar nicht, was das für eine Freude ist, wenn ein Gast aus der Heimat kommt, die ganze Nacht durch wird gefeiert.«*

Georg wird also mit Afrika und vor allem mit den mit Afrika verbundenen positiven Attributen identifiziert, seine »Heimat« bleibt jedoch Deutschland: »Ich wusste gar nicht, wie schön es in meiner Heimat ist [...]. Wenn man verliebt ist, kann man ganz Afrika vergessen«. In seiner Person manifestiert sich anschaulich die Verknüpfung von Deutschland und Afrika. Die Dichotomie zwischen Georg und Klaas funktioniert so auch als Gegensatz zweier Lebensweisen und zweier Wertvorstellungen. Indem Georg sich auf Deutschland als Heimat bezieht und gleichzeitig als »afrikanisch« markiert wird, wird Deutschland metaphorisch aus dem dekadenten Westen herausgelöst. Das westliche Europa erscheint als dekadent und hinterlistig, Afrika und Deutschland als bodenständig und ehrlich.[316] Afrika und Kamerun fungieren als Chiffre für ›deutsch‹ und signifizieren Bodenständigkeit und deutsche Werte. Die Identifizierung von Afrika als deutsche Heimat in *Unser Haus in Kamerun* drückt gleichzeitig einen deutschen kolonialen Anspruch auf afrikanisches Land aus.

Der Film *Toxi* nimmt, nachdem der zentrale Konflikt eigentlich gelöst ist, Theodor Toxi ins Herz geschlossen hat und die Familie sie aufgenommen hat, eine letzte Wendung, die erneut Differenz zwischen Weißsein und Schwarzsein herstellt und die deutsche Heimat als Weiß markiert.

An Heiligabend führen die drei Kinder Ilse, Susi und Toxi ein Krippenspiel auf. Susi ist schwarz angemalt und Toxi weiß angemalt, weil Susi »auch mal Mohr sein« möchte. Die ›*Rassen*grenzen‹ scheinen bereits langsam zu verschwimmen, Toxis weiß gemaltes Gesicht deutet auf ihre beinahe vollständige Integration in die Weiße deutsche Familie hin. Gleichzeitig symbolisiert die weiße Farbe den Wunsch nach Eindeu-

316 Diese Charakterisierung findet bereits einen Vorläufer in den Worten Manuelas, die wie Georg in Kamerun aufgewachsen ist und bei ihrer Rückkehr nach Kamerun von ihrem Auslandsaufenthalt in der Schweiz erzählt: »Das waren alles solche Fatzken mit ihren schrägen Schultern und spitzen Schuhen.«

tigkeit, die sie als ›Mischlingskind‹ nicht haben kann. Doch plötzlich stimmt Toxi ihr Heimat-Lied an:

> *»Ich möchte so gern nach Hause gehen, ei ei ei, die Heimat möchte ich wiedersehen, ei ei ei ei, ich find allein nicht einen Schritt, ei ei ei, wer hat mich lieb und nimmt mich mit, ei ei ei ei.«*

In diesem Moment trifft Toxis leiblicher Vater James R. Spencer ein, der mit Brille und Trenchcoat wie ein Intellektueller aussieht, im Programmheft aber als »großer brauner Tankstellenbesitzer«[317] beschrieben wird. Das Lied deutet auf Toxis unterbewussten emotionalen Zustand hin: Äußerlich schon fast Weiß, wie das *whiteface* andeutet, fühlt sie sich innerlich doch immer noch fremd und sehnt sich nach einer Zugehörigkeit, die echt ist und eine »Heimat« darstellt. Diese eindeutige Zugehörigkeit wird durch die Ankunft des Vaters als das Schwarze Kollektiv der Afroamerikaner_innen gezeigt. Im Angesicht ihres Schwarzen Vaters versichert ihm Toxi sogleich ihre eigene Schwarze Identität, indem sie mit der Hand die weiße Farbe aus dem Gesicht wischt und betont: »Das hier geht ab« und »Ich kann Englisch.« Die zuvor verschwommene Differenz zwischen Toxi und der Familie Rose wird so wieder hergestellt, die Grenze zwischen den *Rassen* erneut klar gezogen, Toxi wieder eindeutig als Schwarz identifiziert. Die Grenze zwischen Weiß und Schwarz erscheint dabei als beidseitige: Auch Toxi und ihr Vater sehnen sich nach ihrem rassisch eindeutigen Zusammenschluss. Toxis Vater nimmt sie auf den Arm und es ist klar, dass er sie mitnehmen wird, denn, so wie Gustav formuliert hatte:

> *»Tja, wir hätten gern was getan für eins von diesen Kindern. Ihm ein Zuhause gegeben, aber nun kommt der wirkliche Vater, ne ne ne, Kinder, da kann man nichts machen. Wenn sie uns auch sehr fehlen wird.«*

Obwohl der Film also zuvor eigentlich schon die Lösung der Integration vorgeschlagen hatte, wird hier nun erneut der Ausschluss zugunsten der Eindeutigkeit vorgezogen. Toxi als Heilsbringerin wird zum Schluss abgelöst durch ihren Vater, der nun wiederum Toxi rettet. Der erste Vorschlag der Integration des Fremden erweist sich nachträglich als schlechtere Lösung. Bereits in der Szene in der Bäckerei gibt es einen Hinweis darauf, als Toxi Theodor den Mund abwischt und dazu den

317 Illustrierter Film-Kurier: Toxi 1952.

Spruch aufsagt: »Wie man Theodor auch putzt, Theodor bleibt stets verschmutzt«. Diese letzte Wendung des Films ist ein Hinweis darauf, dass die Heilung durch Integration nicht die beste Lösung ist und dass sich durch die Aufnahme Schwarzer Kinder die nationalsozialistischen Verbrechen nicht sühnen lassen.[318]

Aufgrund dieser letzten Wendung wird in zeitgenössischer Perspektive aus *Toxi* »ein menschlicher, freundlicher Film, der niemandem wehtut«[319]. Denn am besten, so suggeriert der Film, ist Toxi immer noch bei ihrem Vater in den USA aufgehoben, da sie dort unter ›ihresgleichen‹ leben kann. Der Ausschluss des Schwarzen Mädchens aus der Weißen Familie bedeutet die Wiederherstellung der Eindeutigkeit und rekonstruiert die deutsche Heimat als Weißen Ort.

Auch *Der dunkle Stern* rekonstruiert die deutsche Heimat als exklusiven Ort des Weißseins am Beispiel der Alpen. Durch den Ausschluss des Schwarzen Mädchens Moni wird die Heimat als Weiß wiederhergestellt und bekräftigt. Gleichzeitig bietet der Film als Heimat für Moni keinen geografischen Ort, sondern nur den Raum des Zirkus an, der mit Nomadentum und Internationalität – also mit dem Fehlen einer nationalen Eindeutigkeit – verbunden ist.

Die Aufnahmen der majestätischen bayerischen Berge, des idyllischen Landlebens, der heilen Dorfgemeinschaft und der natur- und tierverbundenen Lebensweise zu Beginn des Films sind wesentliche Elemente, welche die deutsche Heimat konstituieren. Die Inszenierung der heilen Natur bietet einen positiven, scheinbar neutralen Rahmen, innerhalb dessen ein affirmativer Bezug auf die deutsche Nation möglich ist.

> *»Das Deutschland, das der Heimatfilm im Dienste eines ›Umbaus der Identitäten‹ und einer ›Modernisierung der Gesellschaft‹ präsentierte, ist eines der blühenden Wiesen und der unberührten Natur. In diesem Sinne stellt er einen imaginären Raum bereit, der jenseits von Trümmern und Zerstörung eine visuelle Vorstellung dessen liefern konnte, was idealisierend überzeichnet und zugleich*

318 Figge erweitert diese Lesart um die Interpretation, dass die Heimkehr Toxis zu ihrem Vater als »Erfüllung des Wunsches nach Integration in das Westbündnis zu verstehen [ist], dessen Voraussetzung das in der Identifikation mit Toxi angebotene Schwarzwerden ist. Die Betonung der ›Unschuld‹ des Kindes ist Voraussetzung für die Vorstellung, dass Toxis Vater als ›Befreier‹ am Ende kommt und sie ›rettet‹: ›imaginäre (Afro-)Amerikanisierung‹ wird in diesem Bild zum Ausweg aus der Schuld« Figge (2015), S. 78.

319 DER SPIEGEL (23.07.1952).

massiv entpolitisiert als eine gemeinsame mental map *der jungen Bundesrepublik projektiert wurde.«*[320]

Der dunkle Stern lokalisiert authentisches Weißes Deutschsein im Stile des Heimatfilms auf dem Land rund um die Elemente Herd, Dorf und Kirche.[321] Während Moni zur Schule im Dorf fährt, ertönen Kirchenglocken, sie melkt die Ziegen und backt Bratäpfel im Kachelofen. Die ländliche deutsche Idylle fungiert als unpolitischer Raum und damit als Ort, der frei von den Verbrechen des Nationalsozialismus geblieben ist. Die deutsche Heimat als ländliche, natürliche Dorfgemeinschaft dient als Folie, vor der Themen wie nationale Zugehörigkeit, der Wunsch nach nationaler Rehabilitierung und die Anpassung an die Nachkriegsrealität ›unpolitisch‹ und ›unbelastet‹ verhandelt werden können. Die Heimat wurde als ewig, christlich und weiß kodiert[322] und mit natürlicher Schönheit, Familie und Sicherheit assoziiert. Moni sehnt sich nach dieser Heimat, hat aber selbst in ihr keinen Platz:

> *»She may fervently* desire *it – along with marriage and children within the* Heimat *– but her love must remain unrequited since Heimat by definition is constant, unchanging, and therefore unable to accommodate ›difference‹«*[323].

Die Heimat lässt keine Abweichung, keine Differenz zu, weshalb in *Der dunkle Stern* im Gegensatz zum Film *Toxi*, der in einer modernen Großstadt spielt, die Frage nach der Integration des Schwarzen Mädchens in die Weiße deutsche Gesellschaft gar nicht erst aufgeworfen wird. Das Konzept der Heimat ist eindeutig Weiß codiert und damit von vornherein rassifiziert. Daher spielte es eine wichtige Rolle »in *reconstituting* racially exclusive notions of national belonging after National Socialism«[324].

Die Alpen sind im kulturhistorischen Diskurs seit der Aufklärung ein Thema gewesen und in den 1920er- und 1930er-Jahren entwickelte sich sogar ein eigenes Genre, der Bergfilm, der in den Alpen spielte. Die Alpen dienten dabei als ikonografischer Gegensatz zur Stadt, sie waren besonders wild, zerklüftet, authentisch, unberührt, unerforscht und gefährlich, während die Stadt der Inbegriff der domestizierten, vom

[320] Koch (2007), S. 100.
[321] Vgl. Fehrenbach (2005), S. 126.
[322] Ebd.
[323] Ebd., S. 127.
[324] Ebd., S. 129.

Menschen geschaffenen Welt wurde.[325] Die reine, unberührte Natur wurde als sinnbildlicher Ort der reinen deutschen *Rasse* verstanden[326]. Die Alpen als besondere Region boten dem Menschen die Möglichkeit der eigenen geistigen und körperlichen Erneuerung. Im Film wurde der Aufstieg metaphorisch eingesetzt und symbolisierte nicht nur individuelle Erneuerung und Aufstieg, sondern auch die nationale gesellschaftliche Erneuerung.[327] Vor diesem Hintergrund erscheint der Rückgriff auf die Alpen als Motiv in den Filmen der Nachkriegszeit als national codiert und rassifiziert.

Die Genres Heimatfilm und Bergfilm verhandeln nicht nur Fragen der Nation und *Rasse*, sondern auch Genderverhältnisse, denn Inhalt und Raumkonstellationen sind geschlechtlich codiert. Diese Filme sind durch »ein hohes Maß an konventionalisierter Topik und auch stereotyper Rollenmuster von Mann und Frau gekennzeichnet«[328]. Der weiße, unberührte, ›jungfräuliche‹ Schnee und die weißen Gletscher symbolisierten Weißsein, Reinheit und Feminität der deutschen Nation.[329]

Die Frauen sind in diesen Filmen hauptsächlich in der Berghütte oder auf dem Hof anzutreffen, während »die alpine Wildnis, Firnlandschaft und Eiswüsten Orte von heldenhaften Männlichkeitserfahrungen«[330] darstellen. Während der Weiße Mann die Alpen durch Bergsteigen und Skifahren bezwingt, muss das Schwarze Mädchen Moni, die in *Der dunkle Stern* in einer Almhütte lebt, den Abstieg vom Berg antreten. Ihr Heimatgefühl und ihre dauerhafte Anwesenheit in einer explizit Weißen deutschen Region, den Alpen, noch dazu auf der Hochebene, ist indiskutabel. Sie wird gezwungen, die Berge zu verlassen und in einer anderen, gesellschaftlich wie geografisch niedrigeren und niederen Gegend eine neue Heimat zu finden. Sie darf zwar in Deutschland bleiben,

325 Vgl. Roman Giesen: Der Bergfilm der 20er und 30er Jahre, in: Medienobservationen (2008), S. 1–29, S. 7.

326 Vgl. Gundolf Graml: Black Bodies on White Snow: The Reconstruction of Germanness as White in Luis Trenker's Der verlorene Sohn (The Prodigal Son) (1934). In: Maria Diedrich, Jürgen Heinrichs (Hg.): From Black to Schwarz. Cultural crossovers between African America and Germany, East Lansing, Münster 2011, S. 161–185, 164. So wurden beispielweise schon 1924 Jüdinnen und Juden durch einen Arierparagrafen aus der Mitgliedschaft im Alpenverein ausgeschlossen mit der Begründung, sie passten aufgrund ihrer körperlichen und geistigen Fähigkeiten nicht zum majestätischen Bild der Berge. Vgl. Graml (2011), 164f., S. 164f.

327 Vgl. Giesen (2008), S. 12.

328 Ebd., S. 13.

329 Vgl. Graml (2011), S. 165ff.

330 Giesen (2008), S. 14.

der Ausschluss aus einer Weiß codierten Region stellt im übertragenen Sinne aber auch ihren Ausschluss aus der deutschen Gesellschaft dar.

5. Fazit

Rasse und Gender haben für die Bedeutungsproduktion im Spielfilm der Nachkriegszeit eine enorme Relevanz – das hat die vorliegende Arbeit verdeutlichen können. Es konnte aufgezeigt werden, dass Repräsentationen von Männlichkeit, Weiblichkeit, Weißsein und Schwarzsein in den untersuchten Filmen zentrale diskursive Elemente darstellen, die der Filmhandlung Sinn verleihen und dem Publikum Identifikation ermöglichen. Als diskursive Elemente weisen diese Identitätskonzepte mitunter eine gewisse Flexibilität auf, denn sie sind nicht von vornherein starr definiert. Stattdessen sind sie Teil eines Verhandlungsprozesses, der sich innerhalb des Filmes vollzieht, in dessen Konsequenz jedoch jegliche Flexibilität jedoch zugunsten einer Eindeutigkeit der Kategorien wieder aufgegeben wird. Die Narrative der Nachkriegszeit, die sich in den untersuchten Filmen aufzeigen lassen, sind durchzogen von Kontinuitäten und Brüchen, dienen zugleich allerdings der Rekonstruktion einer Weißen deutschen und häufig männlichen Identität.

Diese Identitätsverhandlungen finden auf drei grundlegenden Achsen statt, die in dieser Arbeit als Rehabilitation, Resouveränisierung und Restauration beschrieben werden. Die Identitätsrekonstruktion erfordert zunächst eine Rehabilitation durch die Überwindung der Vergangenheit mittels Aushandlungs- und Heilungsprozesse. Weiterhin zeichnet sich eine Resouveränisierung als Wiedergewinn der patriarchalen Macht über Frau, Kind und Familie qua Unterwerfungsstrategien ab. Und schließlich erfolgt die Restauration im Sinne einer Wiederherstellung positiver Bezugspunkte für eine neue und zukünftige Identität. Im Zusammenspiel dieser drei Aushandlungsachsen lässt sich ein Repräsentationsregime freilegen, welches den Weißen deutschen Mann als Norm und Ideal (re-)produziert. Dieses Repräsentationsregime weist verschiedene filmische Strategien auf, die das Weiße Subjekt definieren und auszeichnen. So hat auch die Repräsentation des Schwarzen in den untersuchten Filmen immer eine Funktion für die Weiße Identität: Indem moralische und intellektuelle Unterlegenheit auf den Schwarzen Anderen projiziert werden, kann das Weiße Subjekt seine Tugenden und Fähigkeiten herausstellen und seine Überlegenheit demonstrieren. Besonders in *Liane, das Mädchen aus dem Urwald* und *Unser Haus in Kamerun* erscheint die *White Supremacy* als so selbstverständlich, dass sie nicht einmal einer besonderen Durchsetzung bedarf, da alle

Beteiligten die Herrschaft des Weißen begrüßen und augenscheinlich alle von ihr profitieren. Während der Weiße deutsche Mann häufig als Kolonialheld inszeniert wird, erscheint der westliche, mit den USA oder England assoziierte Kolonialherr als Negativbeispiel, denn er wird der moralischen Verantwortung gegenüber Mensch und Natur, welche das koloniale Verhältnis mit sich bringt, nicht gerecht. Mithilfe seines speziellen Arbeitsethos und seiner Tugenden kann der Weiße deutsche Mann in den hier untersuchten Filmen wiederum seine Fähigkeit als Kolonisator unter Beweis stellen, sich als Autoritätsfigur etablieren und den kolonialrevisionistischen Herrschaftsanspruch über Afrika und die Afrikaner_innen untermauern.

Der oder die rassifizierte Andere oder Afrika als Kulisse dienen in einer Vielzahl von Filmen nicht nur als Projektionsfläche; sie fungieren als Auslöser eines Wandlungsprozesses, der zur Lösung des zentralen Konfliktes der Filmhandlung beiträgt. Die Begegnung mit dem Fremden oder dessen Einverleibung können zu einem Charakterwandel führen und eine moralische Besserung des vormals rassistischen, wahnhaften oder kranken Weißen bewirken. Schwarze Figuren wirken wie Medizin, die eine Weiße Figur von Schuld oder Krankheit heilen kann. Die Begegnung mit dem rassifizierten Fremden eignet sich dabei als Möglichkeit für die Weiße Figur, die eigenen Fähigkeiten im Umgang mit dem Thema *Rasse* in der Nachkriegszeit unter Beweis zu stellen und eine klare Abgrenzung zur rassistischen Politik des Nationalsozialismus zu verdeutlichen.

Neben der Darstellung von Schwarzsein dient auch die oftmals damit verknüpfte Repräsentation von Weiblichkeit der Rekonstruktion der Weißen Identität und der Resouveränisierung des Weißen Mannes im Geschlechterverhältnis. Den wenigen widerständigen und selbstbestimmten weiblichen Figuren, die dargestellt werden, bleiben die Symbole des Glücks wie Ehe und Familie verwehrt. Weiblichkeiten, die nicht der Norm der passiven, unterwürfigen, abhängigen und Weißen Frau entsprechen, sind in den Filmen zum Scheitern verurteilt. Stattdessen besteht der positive Ausgang der Handlung zum einen (so in *Skandal um Dodo* und *Unser Haus in Kamerun*) in der Disziplinierung von Weißer Weiblichkeit in Form einer heterosexuellen Ehe, während zum anderen die zentrale Wendung beispielsweise in *Toxi* darauf beruht, dass der Weiße Mann schlussendlich seinen fürsorglichen väterlichen Pflichten gerecht wird. In *Liane, das Mädchen aus dem Urwald* bekräftigt sich der Herrschaftsanspruch des Weißen Mannes über das Motiv der Befreiung der Frau, die vermeintlich unrechtmäßig in den

Händen von Schwarzen ist. Die Aufgabe des Weißen Mannes beinhaltet dabei stets auch, die Unschuld der Weißen Frau als Hüterin der Nation zu bewahren.

In den Filmen *Toxi* und *Der dunkle Stern* wird der Umgang mit den Schwarzen Kindern, deren Väter afroamerikanische Soldaten sind, Symbol einer nationalen Aufgabe der bundesrepublikanischen Gesellschaft. Während 1952 in *Toxi* die Option der Integration immerhin noch diskutiert wird und als eine – wenn auch nicht die beste – Lösung erscheint, wird das Schwarze Mädchen im 1955 erschienenen Film *Der dunkle Stern* aus seinem liebevollen Umfeld ausgeschlossen, um das Weißsein und die – biologische wie politische – Reinheit der deutschen Heimat wiederherzustellen. Der Umgang mit *Rasse* im Film der Nachkriegszeit verdeutlicht die Schwierigkeiten, in denen sich die deutsche Identitätsfindung dieser Zeit befand. So wurde, anders als zuvor im Nationalsozialismus, die Existenzberechtigung der Schwarzen Kinder nicht grundsätzlich infrage gestellt, doch ihre Integration in die Gesellschaft hätte bedeutet, Weißsein als Element der deutschen Identität aufzuweichen. Stattdessen dienen auch die Geschichten von Toxi und Moni dazu, das Weißsein der deutschen Gesellschaft letztlich als eindeutig zu rekonstruieren.

In der exemplarischen Analyse der Filme wurden klare Bezüge zwischen filmischen Narrativen und zeitgenössischen Debatten und Auseinandersetzungen hervorgebracht. Unabhängig vom Genre transportieren die in den Filmen produzierten Bedeutungen stets den historischen Kontext der Gesellschaft, aus der sie stammen. Der Wiederaufbau der deutschen Gesellschaft findet sich auch im Spielfilm und begegnet uns als Aushandlungsprozess verschiedener Bezugsdimensionen: Nationalsozialismus und Rassismus, westliche Handels- und Konsumkultur und eine christliche, naturverbundene Heimat formen das Spannungsfeld, zwischen dem sich eine neue deutsche Identität herausbilden muss. In den hier untersuchten Filmen erscheinen sie als drei Wertesysteme, die mit unterschiedlichen Identitätsmodellen verbunden sind.

Die sich auf den Nationalsozialismus beziehenden Vergangenheitsbezüge treten dabei stets negativ und personalisiert in Erscheinung; lediglich in *Mein Bruder Josua* wird die Schuld der Vergangenheit auch als Erbe der (Dorf-)Gesellschaft dargestellt. Der Nationalsozialismus und seine Implikationen werden häufig chiffriert und bilden eine unsichtbare Blockade, deren Überwindung für eine Rehabilitation der deutschen Identität zwar nötig ist, aber nie eine wirkliche Auseinandersetzung erfordert. Auffällig ist, dass ausgerechnet der einzige

Film, der das Thema Antisemitismus anspricht, mit *Die Helden sind müde* eine deutsch-französische Koproduktion unter der Regie eines Franzosen ist. Umso erstaunlicher, dass auch die Figur des Antisemiten und Rassisten ein Franzose ist und nicht etwa eine der eigentlich viel verdächtigeren deutschen Figuren. Die Auseinandersetzung mit der Vergangenheit erscheint auch in diesem Film als etwas, das möglichst schnell abgeschlossen werden sollte. Aus französischer Sichtweise ist also nicht zwangsläufig die Schuldfrage des Zweiten Weltkriegs relevant, viel drängender erscheint an dieser Stelle der Zusammenschluss des Weißen europäischen Kollektivs gegenüber den erstarkenden Unabhängigkeitsbewegungen Afrikas.

Ambivalent ist die Darstellung der mit den USA assoziierten Konsumkultur. Der Reiz des Konsums in der werdenden Wohlstandsgesellschaft wird ebenso inszeniert wie dessen negative Begleiterscheinungen: Ein übermäßig dekadenter und profitorientierter Lebensstil birgt in den Filmen nicht nur die Gefahr des völligen Werteverlusts, sondern auch von Verfall, Krankheit und Tod. Die Bedrohung der Nation durch Dekadenz wird mit einer den USA zugeschriebenen gesellschaftlichen Realität verknüpft, in der Schwarze und Weiße nebeneinander und nicht mehr klar getrennt leben. Dieses Motiv knüpft zugleich an die tradierte Vorstellung an, dass *rassische* Uneindeutigkeit und Vermischung für Individuum und Gesellschaft schädlich seien, was vor allem dann Sinn ergibt, wenn Individuum und Gesellschaft *rassisch* begriffen werden.

In den Identitätsverhandlungen der Nachkriegszeit findet sich das Motiv der Heimat als zentraler positiver Bezugspunkt, der Deutschsein als friedliche, unbefleckte Idylle darstellt. Die Heimat erscheint als mütterlich und christlich und fungiert als Gegensatz zum politischen und unberechenbaren Vaterland. In den untersuchten Filmen werden verschiedene Regionen als Orte der deutschen Heimat inszeniert. Wird in *Unser Haus in Kamerun* Afrika zur deutschen Heimat und die Stadt Hamburg zum westlichen und damit undeutschen Ort, erscheint Hamburg in *Toxi* wiederum als Hort von Weißsein und deutscher Bürgerlichkeit im Gegensatz zu den westlichen USA und dem Schwarzsein ihrer afroamerikanischen Bevölkerung. Diese regionalen Dichotomien funktionieren analog zur topografischen Zweiteilung in die Stadt als politischem und dekadentem Ort auf der einen Seite und dem Land als natürlichem und unverdorbenem Raum auf der anderen Seite. In *Der dunkle Stern* schließlich erscheinen die Alpen als Inbegriff von eindeutigem Weißsein im Gegensatz zum Zirkus als Ort der *rassischen* und nationalen Uneindeutigkeit und Vermischung. In sämtlichen untersuchten Filmen wird die Heimat mit spezifischen Werten wie Familie, Tugend, Kirche und Reinheit verknüpft, die einen positiven Bezug für die deutsche Identität ermöglichen. Die Heimat, die als unpolitisch und von der Geschichte unbelastet imaginiert wird, stellt einen Gegensatz sowohl zum Nationalsozialismus als auch zur US-amerikanischen Konsumkultur dar. Die Kinder von afro-amerikanischen GIs und Weißen deutschen Frauen verkörpern nicht nur aufgrund ihres Schwarzseins einen Gegensatz zur Weißen Heimat, sondern auch aufgrund der unmittelbaren Vorgeschichte von Kriegsniederlage und Besatzung, die sich in ihrer Existenz widerspiegelt. Das Schwarze Kind stellt für die Weiße deutsche Gesellschaft das lebende Kainsmal dar, an dem sich deutsche Schuld und Niederlage für alle sichtbar materialisieren. Für eine Restauration der deutschen Heimat als Bezugspunkt einer Weißen Identität ist der Ausschluss dieser Kinder zumindest innerhalb der Filmhandlungen von *Toxi* und *Der dunkle Stern* unabdingbar.

Die in dieser Analyse untersuchten Filme zeigen eine klare intentionale Abgrenzung zur nationalsozialistischen Vergangenheit als Teil des Strebens nach Erneuerung. Und dennoch spielen auch in der Nachkriegszeit Vorstellungen von *Rasse* und Gender eine zentrale Rolle in den Identitätsverhandlungen. Während das explizite Thema *Rasse* vornehmlich mit den USA in Verbindung gebracht wird, manifestiert sich in den hier untersuchten Filmen gleichwohl Weißsein als deutsche Norm, die keinerlei Spielraum hat. Die Identitätsverhandlungen in den untersuchten Filmen laufen auf eine Rekonstruktion von Weißsein und Männlichkeit hinaus und zielen schlussendlich auf eine kathartische Heilung der Weißen deutschen Heimat.

Es ist davon auszugehen, dass die Beziehung von *Rasse* und Gender sich auf vielfältige und vielschichtige Weise in der filmischen Darstellung niederschlägt. Nicht alle Aspekte dieses Verhältnisses konnten in der vorliegenden Arbeit umfassend berücksichtigt werden. Narrative wie die Rolle der Weißen Frau als Hüterin der Weißen deutschen Nation, die Sexualisierung Schwarzer Weiblichkeit oder die Primitivierung des Schwarzen Mannes wurden in dieser Arbeit nur angeschnitten. Ebenso bleibt die Frage, welche Rolle antisemitische und völkisch-antikapitalistische Traditionen im deutschen Nachkriegsfilm spielen, weitgehend offen.

Die postkoloniale Kritik in Verbindung mit Ansätzen der Genderstudies hat sich als ergiebige Herangehensweise für den bundesdeutschen Spielfilm erwiesen und verspricht ebenso aufschlussreiche Erkenntnisse in Bezug auf angrenzende Themenfelder: Die Ausweitung der Analyse auf spätere Phasen der Bundesrepublik und auf die Filmproduktion der DDR, aber ebenso auf das Afrikabild und die Darstellung der USA in deutschen Medien der Nachkriegszeit stellen Desiderata dar, denen sich in zukünftigen Forschungen angenommen werden kann.

Literaturverzeichnis

Primärquellen

Burroughs, Edgar Rice (1924): Tarzan bei den Affen. Erlebnisse eines von Menschenaffen Geraubten, Stuttgart

Das neue Filmprogramm (1955): Die Helden sind müde

DER SPIEGEL (23.07.1952): Die Leute rühren

DER SPIEGEL (17.10.1956): Mein Bruder Josua (Deutschland), in: DER SPIEGEL 1956

Illustrierte Filmbühne (1955): Der dunkle Stern

Illustrierte Filmbühne (1956): Liane, das Mädchen aus dem Urwald

Illustrierte Filmbühne (1956): Mein Bruder Josua

Illustrierte Filmbühne (1958): Skandal um Dodo

Illustrierte Filmbühne (1961): Unser Haus in Kamerun

Illustrierter Film-Kurier (1952): Toxi

UNESCO (1969): Four statements on the race question, Paris

Sekundärliteratur

Al-Samarai, Nicola Lauré (2003): Unwegsame Erinnerungen: Auto/biographische Zeugnisse von Schwarzen Deutschen aus der BRD und der DDR. In: Marianne Bechhaus-Gerst, Reinhard Klein-Arendt (Hg.): Die (koloniale) Begegnung. AfrikanerInnen in Deutschland 1880–1945, Deutsche in Afrika 1880–1918; [Internationale Konferenz »Die (Koloniale) Begegnung. AfrikanerInnen in Deutschland (1880–1945) – Deutsche in Afrika (1880–1918)«], Frankfurt am Main

Arndt, Susan (2005): ›Rassen‹ gibt es nicht, wohl aber die symbolische Ordnung von Rasse. Der ›Racial Turn‹ als Gegennarrativ zur Verleugnung und Hierarchisierung von Rassismus. In: Susan Arndt, Maureen Maisha Eggers, Grada Kilomba, Peggy Piesche (Hg.): Mythen, Masken und Subjekte : kritische Weißseinsforschung in Deutschland, Münster, S. 340–362

Arndt, Susan (2011): Racial Turn. In: Susan Arndt, Nadja Ofuatey-Alazard (Hg.): Wie Rassismus aus Wörtern spricht. (K)Erben des Kolonialismus im Wissensarchiv deutsche Sprache; ein kritisches Nachschlagewerk, Münster, S. 185–189

Arndt, Susan (2011): ›Rasse‹. In: Susan Arndt, Nadja Ofuatey-Alazard (Hg.): Wie Rassismus aus Wörtern spricht. (K)Erben des Kolonialismus im Wissensarchiv deutsche Sprache; ein kritisches Nachschlagewerk, Münster, S. 660–664

Arndt, Susan; Hornscheidt, Antje (Hrsg.) (2009): Afrika und die deutsche Sprache. Ein kritisches Nachschlagewerk, Münster

Arndt, Susan; Maisha Eggers, Maureen; Kilomba, Grada; Piesche, Peggy (Hrsg.) (2005): Mythen, Masken und Subjekte: kritische Weißseinsforschung in Deutschland, Münster
Baer, Hester (2009): Dismantling the dream factory. Gender, German cinema, and the postwar quest for a new film language, New York
Baer, Martin (2006): Von Heinz Rühmann bis zum Traumschiff: Bilder von Afrika im deutschen Film. In: Susan Arndt (Hg.): AfrikaBilder. Studien zu Rassismus in Deutschland, Münster, S. 151–161
Balibar, Etienne (1990): Gibt es einen ›Neo-Rassismus‹?, In: ders.: Rasse, Klasse, Nation. Ambivalente Identitäten, Hamburg, Hamburg, S. 23–38
Barthel, Michael; Jung, Benjamin (2013): Völkischer Antikapitalismus. Eine Einführung in die Kapitalismuskritik von rechts, Münster, Westf
Bock, Gisela: Geschichte, Frauengeschichte, Geschlechtergeschichte, in: Geschichte und Gesellschaft (1998), S. 364–391
Brand, Ulrich (2005): Gegen-Hegemonie. Perspektiven globalisierungskritischer Strategien, Hamburg
Bublitz, Hannelore (1998): Das Geschlecht der Moderne. Genealogie und Archäologie der Geschlechterdifferenz, Frankfurt/Main
Butler, Judith (1991): Das Unbehagen der Geschlechter, Frankfurt a. M.
Cavalli-Sforza, Luca; Cavalli-Sforza, Francesco (1994): Verschieden und doch gleich. Ein Genetiker entzieht dem Rassismus die Grundlage, München
Chin, Rita; Fehrenbach, Heide (2009): Introduction: What's Race Got to Do With It? Postwar German History in Context. In: Rita Chin, Heide Fehrenbach, Geoff Eley, Atina Grossmann (Hg.): After the Nazi racial state. Difference and democracy in Germany and Europe, Ann Arbor (= Social history, popular culture, and politics in Germany), S. 1–29
Connell, Raewyn (1999): Der gemachte Mann. Konstruktion und Krise von Männlichkeiten, Wiesbaden
Degele, Nina; Winker, Gabriele (2008): Praxeologisch differenzieren.: Ein Beitrag zur intersektionalen Gesellschaftsanalyse. In: Cornelia Klinger, Gudrun-Axeli Knapp (Hg.): Über-Kreuzungen. Fremdheit, Ungleichheit, Differenz, Münster (= Forum Frauen- und Geschlechterforschung), S. 194–209
Dennerlein, Bettina; Frietsch, Elke (2011): Einleitung. in: Bettina Dennerlein, Elke Frietsch (Hg.): Identitäten in Bewegung. Migration im Film, Bielefeld (= Film), S. 7–17
Dietrich, Anette (2006): Konstruktionen Weißer Weiblichkeit: Emanzipationsdiskurse im Kontext des Kolonialismus. In: Marianne Bechhaus-Gerst (Hg.): Koloniale und postkoloniale Konstruktionen von Afrika und Menschen afrikanischer Herkunft in der deutschen Alltagskultur, Frankfurt am Main, New York (= Afrika und Europa : Koloniale und postkoloniale Begegnungen), S. 33–44
Dietrich, Anette (2007): Weiße Weiblichkeiten. Konstruktionen von »Rasse« und Geschlecht im deutschen Kolonialismus, Bielefeld
Dietze, Gabriele: Race Class Gender: Differenzen und Interdependenzen am Amerikanischen Beispiel, in: Gender studies und Interdisziplinarität 12 (2001), S. 30–49

Dyer, Richard (1977): Gays and film, London
Dyer, Richard (1993): White, In: ders.: The matter of images. Essays on representations, London, London, S. 141–163
Dyer, Richard (1997): White, London
Dyer, Richard (2000): The Matter Of Whiteness. In: Les Back, John Solomos (Hg.): Theories of race and racism. A reader, London (= Routledge student readers), S. 539–548
Eckart, Wolfgang U.; Gradmann, Christoph (2006): Hygiene. In: Wolfgang U. Eckart, Volker Sellin, Eike Wolgast (Hg.): Die Universität Heidelberg im Nationalsozialismus, Berlin, Heidelberg, S. 697–719
Eckes, Thomas (2008): Geschlechterstereotype: Von Rollen, Identitäten und Vorurteilen. in: Ruth Becker, Beate Kortendiek, Barbara Budrich, Becker-Kortendiek (Hg.): Handbuch Frauen- und Geschlechterforschung. Theorie, Methoden, Empirie, Wiesbaden (= Geschlecht & Gesellschaft), S. 171–182
Europäische Kommission (1998): A Guide to Gender Impact Assessment, Luxemburg
Fehrenbach, Heide (2001a): »Ami-Liebchen« und »Mischlingskinder«: Rasse, Geschlecht und Kultur in der deutsch-amerikanischen Begegnung. in: Klaus Naumann (Hg.): Nachkrieg in Deutschland, Hamburg, S. 178–205
Fehrenbach, Heide (2001b): Of German Mothers and ›Negermischlingskinder‹. Race, Sex, and the Postwar Nation. in: Hanna Schissler (Hg.): The miracle years. A cultural history of West Germany, 1949–1968, Princeton, NJ, S. 164–186
Fehrenbach, Heide (2005): Narrating ›race‹ in 1950s' West Germany. The phenomenon of the Toxi films. In: Patricia M. Mazón, Reinhild Steingröver (Hg.): Not so plain as Black and White. Afro-German culture and history, 1890–2000, Rochester, NY (= Rochester studies in African history and the diaspora), S. 136–160
Fehrenbach, Heide (2005): Race after Hitler. Black occupation children in postwar Germany and America, Princeton, N.J.
Fenner, Angelica (2011): The Rebirth of the Nation: Cinematic Discourses of Race and Reconstruction in Transnational Perspective. In: Maria Diedrich, Jürgen Heinrichs (Hg.): From Black to Schwarz. Cultural crossovers between African America and Germany, East Lansing, Münster, S. 227–244
Figge, Maja (2010): ›Der Konsum hilft!‹. Rassismus und ›Heilung‹ durch Integration im Spielfilm Toxi. in: Klaus Krüger, Leena Crasemann, Matthias Weiss (Hg.): Um/Ordnungen. Fotografische Menschenbilder zwischen Konstruktion und Dekonstruktion, München, S. 135–153
Figge, Maja (2015): Deutschsein (wieder-)herstellen. Weißsein und Männlichkeit im bundesdeutschen Kino der fünfziger Jahre, Bielefeld
Foucault, Michel (1981): Archäologie des Wissens, Frankfurt am Main
Foucault, Michel (2003): Das Spiel des Michel Foucault (Gespräch), In: ders.: Schriften in vier Bänden. Dits et Ecrits, hrsg. von Michel Foucault, S. 391–429
Frankenberg, Ruth (1996): Weiße Frauen, Feminismus und die Herausforderung des Antirassismus. In: Gabriele Habinger, Brigitte Fuchs (Hg.): Rassismen & Feminismen. Differenzen, Machtverhältnisse und Solidarität zwischen Frauen, [Wien], S. 51–66

Geulen, Christian (2007): Geschichte des Rassismus, Bonn
Giesen, Roman: Der Bergfilm der 20er und 30er Jahre, in: Medienobservationen (2008), S. 1–29.
Graml, Gundolf (2011): Black Bodies on White Snow: The Reconstruction of Germanness as White in Luis Trenker's Der verlorene Sohn (The Prodigal Son) (1934). In: Maria Diedrich, Jürgen Heinrichs (Hg.): From Black to Schwarz. Cultural crossovers between African America and Germany, East Lansing, Münster, S. 161–185.
Ha, Kien Nghi; Lauré al-Samarai, Nicola; Mysorekar, Sheila (2007): Re/Visionen. Postkoloniale Perspektiven von People of Color auf Rassismus, Kulturpolitik und Widerstand in Deutschland, Münster.
Hake, Sabine (2004): Film in Deutschland. Geschichte und Geschichten seit 1895, Reinbek.
Hall, Stuart (1989a): Die Konstruktion von ›Rasse‹ in den Medien, In: ders.: Ideologie, Kultur, Medien, Neue Rechte, Rassismus, hrsg. von Nora Räthzel, Hamburg, Hamburg, S. 150–171.
Hall, Stuart (1989b): Ideologie, Kultur, Medien, Neue Rechte, Rassismus, hrsg. von Nora Räthzel, Hamburg.
Hall, Stuart (2004a): Das Spektakel des »Anderen«, In: ders.: Ideologie, Identität, Repräsentation, hrsg. von Stuart Hall, Juha Koivisto, Andreas Merkens, Hamburg, Hamburg, S. 108–166.
Hall, Stuart (2004b): Der Westen und der Rest: Diskurs und Macht, In: ders.: Ideologie, Identität, Repräsentation, hrsg. von Stuart Hall, Juha Koivisto, Andreas Merkens, Hamburg, Hamburg, S. 137–179.
Hirschauer, Stefan (1996): Wie sind Frauen, wie sind Männer?: Zweigeschlechtlichkeit als Wissenssystem. In: Christiane Eifert (Hg.): Was sind Frauen? Was sind Männer? Geschlechterkonstruktionen im historischen Wandel, Frankfurt am Main (= Gender studies), S. 240–256.
Hirschauer, Stefan (2004): Praktiken und ihre Körper: Über materielle Partizipanden des Tuns. in: Karl H. Hörning, Julia Reuter (Hg.): Doing Culture. Neue Positionen zum Verhältnis von Kultur und sozialer Praxis, Bielefeld (= Sozialtheorie), S. 73–91.
Höhn, Maria (2001): Heimat in Turmoil: African-American GIs in 1950s West Germany. in: Hanna Schissler (Hg.): The miracle years. A cultural history of West Germany, 1949–1968, Princeton, NJ, S. 145–163.
hooks, bell (1994): Black looks. Popkultur – Medien – Rassismus, Berlin.
Hund, Wulf D. (1999): Rassismus. Die soziale Konstruktion natürlicher Ungleichheit, Münster.
Kalpaka, Annita; Räthzel, Nora (1990): Die Schwierigkeit, nicht rassistisch zu sein, Leer.
Kerner, Ina: Alles intersektional?: Zum Verhältnis von Rassismus und Sexismus, in: Feministische Studien (2009), S. 36–50.
Kilomba, Grada (2010): Plantation memories. Episodes of everyday racism, Münster.
Koch, Lars (2007): Zwischen Kontinuität und Innovation: Der westdeutsche Spielfilm 1945–1960. In: Lars Koch, Petra Tallafuss (Hg.): Modernisierung

als Amerikanisierung? Entwicklungslinien der westdeutschen Kultur 1945–1960, Bielefeld (= Kultur- und Medientheorie), S. 89–110.
Laqueur, Thomas W. (1990): Making sex. Body and gender from the Greeks to Freud, Cambridge, Mass.
Lauretis, Teresa de (1987): Technologies of gender. Essays on theory, film, and fiction, Bloomington.
Lemke Muniz de Faria, Yara-Colette (2002): Zwischen Fürsorge und Ausgrenzung. Afrodeutsche »Besatzungskinder« im Nachkriegsdeutschland, Berlin.
Luhmann, Niklas: Frauen, Männer und George Spencer Brown, in: Zeitschrift für Soziologie 17 (1988), S. 47–71.
Martin, Paul (1939): Das Lied der Wüste.
Mecheril, Paul (1997): Rassismuserfahrungen von Anderen Deutschen – eine Einzelfallbetrachtung. In: Paul Mecheril, Thomas Teo (Hg.): Psychologie und Rassismus, Reinbek bei Hamburg (= Rororo Rowohlts Enzyklopädie).
Michels, Stefanie (2013): Der Askari. In: Jürgen Zimmerer (Hg.): Kein Platz an der Sonne. Erinnerungsorte der deutschen Kolonialgeschichte, Bonn (= Schriftenreihe / Bundeszentrale für Politische Bildung), S. 294–308.
Miles, Robert (1999): Rassismus. Einführung in die Geschichte und Theorie eines Begriffs, Hamburg.
Mooslechner, Michael; Stadler, Robert (1988): Landwirtschaft und Agrarpolitik. In: Hanisch Talos (Hg.): NS-Herrschaft in Österreich, S. 69–94.
Morlang, Thomas (2008): Askari und Fitafita. »farbige« Söldner in den deutschen Kolonien, Berlin.
Morrien, Rita (2012): ›Afrika mon amour‹? – Der Afrika-Diskurs im populären deutschen Spielfilm. In: Michael Hofmann, Rita Morrien (Hg.): Deutsch-afrikanische Diskurse in Geschichte und Gegenwart. Literatur- und kulturwissenschaftliche Perspektiven, New York (= Amsterdam Beiträge zur neueren Germanistik), S. 253.
Morrison, Toni (1995): Im Dunkeln spielen. Weiße Kultur und literarische Imagination; Essays, Reinbek bei Hamburg.
Mosse, George L. (2006): Die Geschichte des Rassismus in Europa, Frankfurt am Main.
Mulvey, Laura (1985): Visual Pleasure and Narrative Cinema. In: Bill Nichols (Hg.): Movies and methods II. An anthology, Berkeley, S. 303–315.
Nagl, Tobias (2009): Die unheimliche Maschine. Rasse und Repräsentation im Weimarer Kino, München.
Oguntoye, Katharina; Opitz, May; Schultz, Dagmar; Lorde, Audre (1986): Farbe bekennen, Berlin.
Omi, Michael; Winant, Howard (2014): Racial Formation. In: Gilbert B. Rodman (Hg.): The race and media reader, New York, S. 5–24.
Pech, Ingmar (2006): Whiteness – akademischer Hype und praxisbezogene Ratlosigkeiten?: Überlegungen für eine Anschlussfähigkeit antirassistischer Praxen. In: Gabi Elverich, Annita Kalpaka, Karin Reindlmeier (Hg.): Spurensicherung. Reflexion von Bildungsarbeit in der Einwanderungsgesellschaft, Frankfurt am Main (= Internationale Beiträge zu Kindheit, Jugend, Arbeit und Bildung), S. 63–92.

Pofert, Angelika (2012): ›Gender‹ und die Soziologie des Kosmopolitisierung. In: Heike Kahlert, Christine Weinbach (Hg.): Zeitgenössische Gesellschaftstheorien und Genderforschung. Einladung zum Dialog, Wiesbaden (= Gesellschaftstheorien und Gender), S. 125–148.

Postone, Moishe (1988): Nationalsozialismus und Antisemitismus: Ein theoretischer Versuch. In: Dan Diner (Hg.): Zivilisationsbruch. Denken nach Auschwitz, Frankfurt am Main (= Fischer-Taschenbücher), S. 242–254.

Recherche International e. V. (Hrsg.) (2012): ›Unsere Opfer zählen nicht‹. Die Dritte Welt im Zweiten Weltkrieg, Berlin / Hamburg.

Rodríguez, Encarnación Gutiérrez (2003): Repräsentation, Subalternität und postkoloniale Kritik. in: Hito Steyerl (Hg.): Spricht die Subalterne deutsch? Migration und postkoloniale Kritik, Münster, S. 17–37.

Rommelspacher, Birgit (2009): Was ist eigentlich Rassismus? In: Claus Melter, Paul Mecheril (Hg.): Rassismustheorie und -forschung, Schwalbach / Ts. (= Reihe Politik und Bildung), S. 25–38.

Schildt, Axel (2002): Modernisierung im Wiederaufbau: Die westdeutsche Gesellschaft der fünfziger Jahre. In: Werner Faulstich (Hg.): Die Kultur der fünfziger Jahre, München (= Kulturgeschichte des zwanzigsten Jahrhunderts), S. 11–22.

Schnell, Rüdiger (2002): Sexualität und Emotionalität in der vormodernen Ehe, Köln.

Seifert, Ruth (2003): Machtvolle Blicke: Genderkonstruktion und Film. In: Gitta Mühlen-Achs, Bernd Schorb (Hg.): Geschlecht und Medien, München (= Reihe Medienpädagogik), S. 39–56.

Selpin, Herbert (1934): Die Reiter von Deutsch-Ostafrika.

Selpin, Herbert (1941): Carl Peters.

Sow, Noah (2008): Deutschland Schwarz Weiß. Der alltägliche Rassismus, München.

Spivak, Gayatri Chakravorty ((1985)): The Rani Of Simur. In: Francis Barker (Hg.): Europe and its others. Proceedings of the Essex Conference on the Sociology of Literature, July 1984, Colchester.

Tatum, Beverly Daniel (2014): Defining Racism: »Can we talk?«. In: Gilbert B. Rodman (Hg.): The race and media reader, New York, S. 25–32.

Terkessidis, Mark (1998): Psychologie des Rassismus, Opladen.

Villa, Paula-Irene (2003): Judith Butler, Frankfurt am Main.

Villa, Paula-Irene (2010): (De)Konstruktion und Diskurs-Genealogie: Zur Position und Rezeption von Judith Butler. In: Ruth Becker, Beate Kortendiek, Barbara Budrich (Hg.): Handbuch Frauen- und Geschlechterforschung. Theorie, Methoden, Empirie, Wiesbaden (= Geschlecht & Gesellschaft), S. 146–158.

Villa, Paula-Irene (2011): Sexy Bodies. Eine soziologische Reise durch den Geschlechtskörper, Wiesbaden.

Walgenbach, Katharina (2006): Weiße Identität und Geschlecht. In: Karl-Siegbert Rehberg (Hg.): Soziale Ungleichheit, kulturelle Unterschiede, Frankfurt [Main], New York (= Verhandlungen des … Kongresses der Deutschen Gesellschaft für Soziologie), S. 1705–1717.

West, Candace; Zimmerman, Don H.: Doing gender, in: Gender and Society 1 (1987), S. 125–151.
Wigger, Iris (2009): ›Die schwarze Schmach‹: Afrikaner in der Propaganda der 1920er Jahre. In: Gerhard Paul (Hg.): Das Jahrhundert der Bilder, Bonn (= Schriftenreihe / Bundeszentrale für Politische Bildung), S. 268–275.
Wollrad, Eske (2005): Weißsein im Widerspruch. Feministische Perspektiven auf Rassismus, Kultur und Religion, Königstein / Taunus.
Young, Iris Marion (2008): Gedanken über Familie im Zeitalter von Murphy Brown: Über Gerechtigkeit, Geschlecht und Sexualiät. in: Axel Honneth, Beate Rössler (Hg.): Von Person zu Person: Zur Moralität persönlicher Beziehungen, Frankfurt am Main, S. 313–342.

Filme

Ciampi, Yves (1955): Die Helden sind müde. Les heros sont fatigues.
Deppe, Hans (1956): Mein Bruder Josua.
Kugelstadt, Hermann (1955): Der dunkle Stern.
Steinhoff, Hans; Anton, Karl; Maisch, Herbert (1941): Ohm Krüger.
Stemmle, Robert A. (1952): Toxi.
von Borsody, Eduard (1956): Liane, das Mädchen aus dem Urwald.
von Borsody, Eduard (1958): Skandal um Dodo.

Internetquellen

Amadeu Antonio Stiftung; Pro Asyl (2015): Rechte Hetze gegen Flüchtlinge. Eine Chronik der Gewalt. https://www.mut-gegen-rechte-gewalt.de/node/12865.
Bundesregierung (2014): Entwurf eines Gesetzes zur Neubesitmmung des Bleiberechts und der Aufenthaltsbeendigung. http://www.bmi.bund.de/SharedDocs/Downloads/DE/Nachrichten/Kurzmeldungen/gesetzentwurf-bleiberecht.pdf?__blob=publicationFile.
Deutscher Bundestag (2015): I. Die Grundrechte. http://www.bundestag.de/bundestag/aufgaben/rechtsgrundlagen/grundgesetz/gg_01/245122.
EUR-Lex (2000): Richtlinie 2000 / 43 / EG des Rates vom 29. Juni 2000 zur Anwendung des Gleichbehandlungsgrundsatzes ohne Unterschied der Rasse oder der ethnischen Herkunft. http://eur-lex.europa.eu/LexUriServ/LexUriServ.do?uri=CELEX:32000L0043:DE:HTML.
Pilgrim, David (2000): The Mammy Caricature. http://www.ferris.edu/jimcrow/mammies/.
Pilgrim, David (2000): The Picaninny Caricature. http://www.ferris.edu/jimcrow/picaninny/.
UNHCR (2014): Stellungnahme des UNHCR zum Referentenentwurf des Bundesministeriums des Innern ›Entwurf eines Gesetzes zur Neubestimmung des Bleiberechts und der Aufenthaltsbeendigung‹. http://www.unhcr.

de/fileadmin/rechtsinfos/fluechtlingsrecht/3_deutschland/3_2_unhcr_stellungnahmen/FR_GER-HCR_Referentenentwurf_062014.pdf.
ZEIT (5.10.1950): »Besser leben, der Konsum hilft«. http://www.zeit.de/1950/40/besser-leben-der-konsum-hilft.